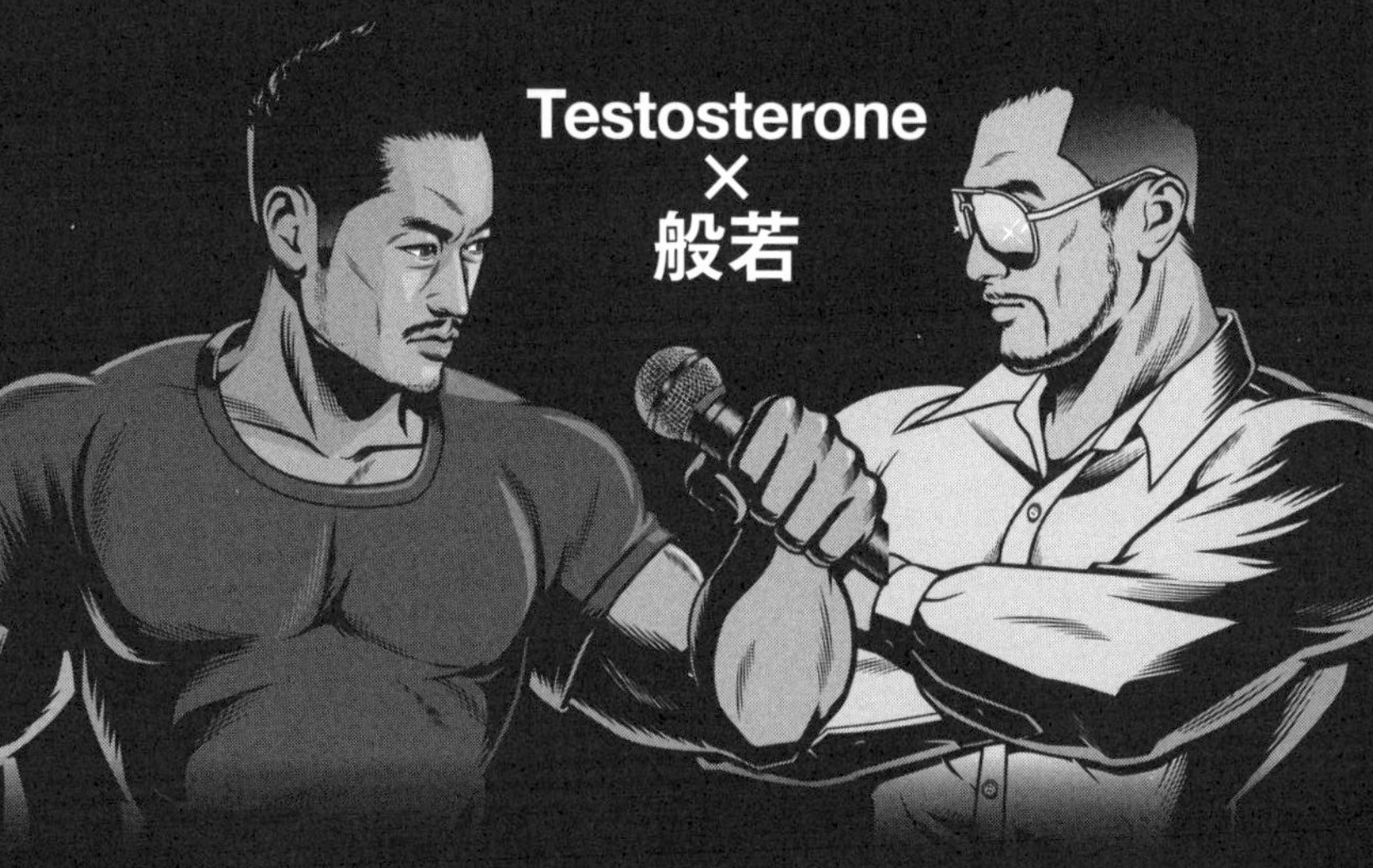

Testosterone
×
般若

筋トレ×HIPHOPが最強のソリューションである

強く生きるための筋肉と音楽

文響社

はじめに

おう。お疲れ。俺だ。Ｔｅｓｔｏｓｔｅｒｏｎｅだ。日本に筋トレで革命を起こす男だ。

さっそく筋トレの営業トークから始めさせていただこう。筋トレには心身の健康管理、成功体験の積み重ねによる自信形成、理想の肉体を手に入れることによる自尊心の獲得、自己管理能力の向上、ダイエット効果等々、2億個ぐらいのメリットがあり、全人類が取り組むべき活動であることはもはや言うまでもない。この辺のことは俺の著書を読んでくれたり、Ｔｗｉｔｔｅｒ（＠ｂａｄａｓｓｃｅｏ）をフォローしてくれたりしている皆さんならよくご存じのことと思う（万が一まだだ、という人がいたら『筋トレが最強のソリューションである』『超筋トレが最強のソリューションである』の2冊を読んでみてほしい）。さて、今回はそんな最高の筋トレをさらなる高みに押し上げてくれる最強のパートナーをご紹介する。それはずばり、ヒップホップである。

今回のテーマは筋トレ×HIPHOPだ。俺は以前から「ヒップホップを聴きながら筋トレすれば、大抵のことは解決する」「筋トレ×ＨＩＰＨＯＰこそ最強のセラピーだ」と言い続けているが、今作は皆さんにその本当の意味を体感していただくために始動したプロジェクトである。筋トレとヒップホップを生活に取り入れることで、君の筋トレライフ、いやもっと言うと人生そのものが大きく開けていくはずだ。

この本で最も伝えたい、たった一つのシンプルな事実は、**「極上のヒップホップを聞きながら筋トレするとハイになれる」。これだけだ。**ものすごく単純に言うと、筋トレとヒップホップの相性は想像を絶するほどに良いのだ。音楽には「聞くべきシチュエーション」が間違いなく存在する。ランニング中にクラシックを聞いても、その本当の良さはわからない。逆にヒップホップ好きの僕だって、通勤電車のような落ち着いた雰囲気の中で、ヘビーなビートにハードなリリック（歌詞）のヒップホップを聞いてもアガらない。その点、ジムとヒップホップの相性は最高だ。フィットネス大国でもあり、音楽チャートの半分以上をヒップホップが占めることも珍しくないアメリカでは、老若男女、おじいちゃんやおばあちゃんだって、ヒップホップを聞きながら筋トレに励んでいる。というか、ジムでかかっているヒットチャート中心のラジオ番組がヒップホップばかり流すので、半ば強制的にヒップホップを聞かされながら筋トレしている（笑）。

ヒップホップは不良の音楽、というイメージが強いかもしれない。確かにそういう側面もあるし、富と名声と筋肉こそが正義！　みたいなヒップホップも爽快で最高だ。だが、それはヒップホップの一面に過ぎない。ヒップホップとは、抑圧された魂の叫びである。差別や世の中の不条理に対して、デモや暴力で対抗するのではなく、ヒップホップという芸術フィルターを通した表現で世界に訴えかける手段だ。よって、ヒップホップのリリックは非常に力強く、反骨精神にあふれており、意外に思われるかもしれないが弱者目線に立つことも多い。ヒップホップは抑圧されている人々、社会に不満を抱えた人々、差別に苦しんでいる人々、社会になじめない人々、世の不条理と戦っている人々、社会的弱者、そういう人たちが作り出す優しい音楽であり、そういう人たちこそが聞くべき、勇気と希望を与えてくれる音楽なのである。ヒップホップの力強いリリックに込められたメッセージは、人々の心を励まし、奮い立たせることができる。だからこそ、世界中に広がる一大音楽カルチャーとなっている。

これって、まさに日本が必要としている音楽だとは思わないだろうか？　日本のうつ病患者は500万人を超えており、自殺も大きな社会問題となっている。そんなストレス社会日本にこそ、優しく、そして前向きで力強いヒップホップが必要なのではなかろうか。ヒップホップは、もっと多くの人々に聞かれるべき音楽なのだ。ごめん。

熱くなって校長先生のお話よりも長くなっちゃった。

兎にも角にも、俺は**筋トレとヒップホップを組み合わせることで、日本国民の幸せ総量が爆発的に伸び、ストレスも派手に軽減される**ことを確信している。

ということで、俺はある人物にコンタクトをとることにした。テレビ番組『フリースタイルダンジョン』でラスボスを務める日本一の肉体派ラッパー般若さんだ。ちなみに、俺が「妄走族の般若がヤバい」という噂を聞きつけ、般若さんの音源を初めて聞いたのは中学生のとき（14～5年前）である。未だ現役どころか、活躍の場をさらに広げ、進化し続けているのだから、まさにモンスターである。ライブパフォーマンス向上のために筋トレを10年以上続けており、アスリート顔負けの肉体も作り上げている。筋トレとヒップホップというテーマにこれ以上ふさわしいアーティストはいない。

思い立ったら即行動ということで、友人のツテをたどり、般若さんとのアポイントメントを取り付けることに成功した。般若さんは友人からざっくり「筋トレヒップホップアルバムを作りたい奴がいるから会ってやって」とだけ伝えられたらしく、最初は「コイツは一体何を言ってるんだ？」状態で打ち合わせに来てくれたようだ（笑）。そんな劣勢から始まった交渉だったが「筋トレをする際に聞く最強のヒップホップアルバムを作りたい。筋トレとヒップホップで日本を変えたい。ヒップホップは全国民に認知されるべき音楽です」という熱意をお伝えすると、２０１９年1月11日に自身初となる武道館ワンマンライブを控えた超多忙なスケジュールであるにもかかわらず、般若さんは今回のプロジェクトへの参加を快諾してくれた。

アルバムは次ページの表のような3部構成になっている。

プレワークアウトソング、イントラワークアウトソング、ポストワークアウトソングの3部構成が思い浮かんだとき、**自分天才かよって思ったし今でも思ってる。**

プレワークアウト

ジムに行く前
ロッカールーム

♫ 黙ってやれ

♫ 覚悟

効果
★筋トレをサボってしまいそうなときにやる気を引き出し、気合をバチバチに注入する

イントラワークアウト

筋トレ中

♫ 人間をきわめろ

♫ オレの前に来て言え

♫ ワンモアレップ

♫ SKIT（合コンで女の子が筋肉をメッチャ褒めてくれる）
―For the boys

♫ Workout Remix

効果
★ノリノリで気持ち良く、ハイになれる筋トレを実現する
★自分を極限まで追い込む手助けをする

ポストワークアウト
筋トレ終了後
♫ノーペイン ノーゲイン
♫SKIT（あなたのプリケツを見た女性二人組がヒソヒソ話でメッチャ褒めてくれる）—For the ladies
♫OSHIRI
♫裏切り
★日々のストレスからあなたを解放し、超強気にさせる
♫Hate me now
♫大丈夫
効果
★筋トレを終えたあなたを癒し、自己肯定感・自尊心を高める
★人生の目標をかなえる勇気を与える

アルバム全体をジムに向かう途中やロッカールームでモチベーションを上げるために聴くプレワークアウト、ガンガントレーニングで追い込んでいる最中に自分を元気づけてくれるイントラワークアウト、筋トレ後のさわやかなａｆｔｅｒタイムにぴったりなポストワークアウトに分割。曲やパートごとにざっくりとしたコンセプトをお伝えし、それを般若さんなりの解釈で曲にしてもらった。巻末のダウンロードカードを使って音源をダウンロードし、トレーニングの前中後に聞きまくってほしい。マジで最高だから、心して聞いてくれ。１回目のセッションはぶっ飛ぶぞ。

この本では、それぞれの曲を深く理解し、楽しめるよう僕と般若さん、ゲストＭＣによるトークセッションを収録した。曲に込められた思いや筋トレにまつわるエピソード、過去の体験やマインドセット等、さまざまなことを語り合ったので、何かしらのヒントを見つけてくれたらうれしい。さらに総合格闘技の小見川道大選手、堀口恭司選手、キックボクシングの木村ミノル選手、ラグビー日本代表主将のリーチ・マイケル選手といったトップアスリートにもトレーニングや人生についての考え方を聞いてきた。そして**「なぜ筋トレとヒップホップが人を幸せにするのか」**という命題について、日本語ラップの研究で知られる慶應義塾大学言語文化研究所の川原繁人先生と、早稲田大学大学院でスポーツ科学を研究する久保孝史君に協力を依頼し、学術的な側面から解説をしてもらうなど、よくここまで盛り込んだなと自画自賛したくなる内容となっている。

詳しいことは割愛するが、皆でメッチャ苦労してコスト構造の破壊と再生を繰り返し、なんとか完成、販売までこぎつけた。「俺がやらねば誰がやるのだ」という使命感で突っ走ったが、思い出すと、ちょっと具合が悪くなる…（笑）。だが、それと同時にこれほど作っていてワクワクしてくる作品は今までになかった。自分で言うのもおかしな話だが、ハッキリ言って最高の出来だ。

難しいことは言わない。
聴いて（筋トレしながら）、読んで、感じてくれ。
断言しよう。筋トレとヒップホップは間違いなく君の人生を変える力を持っている。

信じろ、筋トレ×ＨＩＰＨＯＰが最強のソリューションだ。

執筆者紹介

Testosterone

1988年生まれ。学生時代は110キロに達する肥満児だったが、米国留学中に筋トレと出会い、40キロ近いダイエットに成功する。大学時代に打ち込んだ総合格闘技ではトッププロ選手と生活をともにし、最先端のトレーニング理論とスポーツ栄養学を学ぶ。現在はとあるアジアの大都市で社長として働きつつ、筋トレと正しい栄養学の知識を日本に普及させることをライフワークとしている。

般若（はんにゃ）

1990年代から活動を開始し、数々のMCバトルで優勝を飾る。日本を代表するヒップホップMCとして活躍し、テレビ朝日系「フリースタイルダンジョン」にラスボスとして出演中。鍛え上げた肉体を武器にモデル／俳優としても活動している。2019年1月には初の武道館ワンマンライブを控える。

CONTENTS

CONTENTS

第3章 人の批判を聞いている時間は1秒もない

イントラワークアウト

第4章 限界のその先へ

CONTENTS

CONTENTS

第1章

言い訳とダンベルを目の前に並べろ

やる気ゼロのときに真価が問われる

やる気満々でベンチプレス100kg10発挙げようと、やる気0でベンチプレス100kg10発挙げようと効果は同じだ。**やる気なんて筋肉にとってはどうでもいい。**努力も同じ。やる気満々で努力しようと、やる気0で努力しようと効果は同じ。やったらやっただけ前に進める。やる気0の時に黙々と前に進める奴が勝ち残る。

この世で最もダサい言い訳

「時間がない」って言い訳が数ある言い訳の中でも一番ダサい。言い訳にすらならん。やる気があれば、時間なんて死に物狂いで作るよ。「時間がない」じゃなくて「やる気と覚悟がない」の間違いだろう？　**時間は平等だ。**時間が余ってる奴なんていねーよ。時間がないことを言い訳にしてたら、そのまま人生終わるぞ。

サボりたきゃサボれ
全て奪われる

「やる気が出ないので気合入れてください」だ？　甘ったれたこと言ってんじゃねーぞ。サボりたきゃサボれ。**君がサボってる間に誰かが喜んで努力して君に差をつけるだろう。君が勝ち取るはずだった何かを奪い取っていくだろう。**それが許せるなら気合もクソもねえよ。やる気があろうがなかろうが黙ってやれ。

やる気を出す たった一つの方法

やる気を出す唯一の方法は**「無理やりにでもやり始める事」**だ。やる気が湧いてくるのをダラダラ待っていても、やる気は湧いてこない。脳科学的にも心理学的にも証明されている。ゴチャゴチャ言わずとりあえずやれ。**やってりゃあその気になってくる。**やる気に行動を支配されるな。行動でやる気を支配しろ。

黙ってやれ

眠りたい…　何もせず眠りたい…
眠りたい…

今日はごめん　もう無理　意識飛んで遠くに
これはサボる事じゃない　少しだけの様子見
俺が今日1日　このまま眠るとする
あの場所でライバル達がしのぎを削るよ　うん
大丈夫　余裕っしょ？　ほんの1日位　だけど知ってる　自分自身が
ただ辛い　疲れた　寝てない　身体がマジ痛い
二日酔い　風邪っぽい　ベッドにまだ居たい
言い訳とダンベルを目の前に並べる　どれを取るかそれだけ
汗を流し学べる
ライバルじゃない奴　この世に居ない筈
マイナス　バッドバイヴス　即退学
義務教育よりも大事なジムに今日行く
自分に負けない　上質な法律
大人になった挙句　更にもっと大きくなりたい　筋肉馬鹿共　どう気分？
この1分1秒には無え申し分と思った瞬間からやる気が生じる
家を出るぞ　走る速度引っ掛かるオービス

俺を殺す気？　なら話は応じるが

法律　ショウビズ　全て大事　分かるが
今からいかに効率良く濃密な時間を過ごす為
少しだけ向こう見ずになるが　4シーズン
日が昇り日が沈む迄
俺等　口より身体動かすタイプ
言われ慣れた散々「ヤバイよアイツ」
99よりも1％のスタイル
理解なんて要らない　いざ参る

黙ってやれ　そんだけ　だってそんなもんだぜ
だって　そんなもんダセー
だけど　黙ってやる　そんだけ×2

さてと俺はさっき飲んだUP!　RAPTOR　HALEO
これはラップ馬鹿がスター取ったlike a マリオ
セットしたか？Bluetooth「PLAY」押すとDJブース
入り込むよ聖域　この身体がいずれスーツ
マストなんだ君にとって　マストなんだ俺にとって
覚悟か？今から見せるだけだOK
俺はバットマン　又はエイリアン
壊す為にやる　そして今向かう

トークセッション① Testosterone×般若

筋トレするかしないか＝人生勝つか負けるか

――お二人は週5日ほどトレーニングをされているそうですが、ジムに行きたくない日はないのでしょうか。

歌詞の冒頭が「眠りたい　何もせず眠りたい」で始まるんですが、あれは本音で、正直そんな日もあるんですよ。そういうときは**ジムに行った後の気持ちを想像する。**いくら行く前は気が進まなくても、トレーニングが終わったあとは絶対「来てよかったなー」となっているはずなんです。あとは悪条件をプラスに考えてみる。雨が降ってて単純に出かけるのが嫌だったり、「今日さみーわ！」と思ったら雪が降ってたり、みたいなときもあるじゃないですか？　でも待てよと。そういうときは**逆にジムに人がいないはずだ！　やりたい放題のはずだ！**ととらえるんです。

雨や雪なんてね、僕に言わせたらボーナスチャンス以外のなにものでもないですよ。僕は地球上の全ての人間をライバルととらえているんですけど、**雨や雪の日ってほとんどのライバルたちが休むじゃないですか?** それすなわち、ライバルたちと差をつけるボーナスチャンスじゃないですか? 逆に燃えますよね。まさに先週末の話なんですけど、朝起きたら尋常じゃないぐらいの雷雨だったんですよ。僕は自宅の窓から外を眺めながら「ああ、こりゃ相当な物好きじゃないと絶対に億劫でジムには行かないだろうなぁ。こういう日でもゴチャゴチャ言わずジムに行く奴が他を圧倒するんだろうなぁ」とか考えてたわけです。

――タイムリーな話題だったんですね。で、もちろんTestosteroneさんはジムに?

いいえ、その日は自宅でＹｏｕＴｕｂｅを見てました。かわいい子猫を中心に、いろんな動物の赤ちゃんの動画をずっと見てました。外に出て濡れたアスファルトで足を滑らせて捻挫したり、雷に打たれたりしたら今日一日どころかずっとジムに行けなくて大変だなって思ったので。その日の僕は**筋トレオタクではなくユーチューバー**でした(キリッ)。

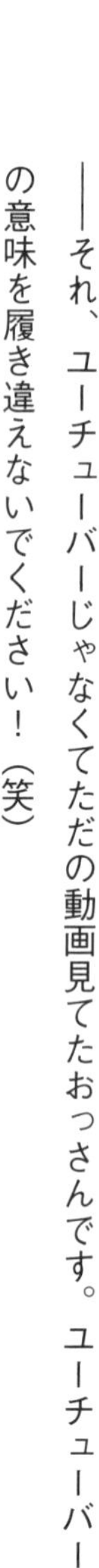

――それ、ユーチューバーじゃなくてただの動画見てたおっさんです。ユーチューバーの意味を履き違えないでください！（笑）

はい、**僕ほどのやり手でもちょっと油断するとサボってしまうので**（自分で言う）、**ルーティンワークにすることもお勧めしたいです。**「行こうかな、どうしようかな」と考えるのではなくて、炭水化物をとり、プレワークアウトを飲み、行きたいとか行きたくないとか考える間もなく出かける。**歯磨きするかしないかなんて迷わない**じゃないですか？　筋トレを歯磨きと同列に持ってくるんですよ。

そう、考えない。**行きたいかどうか考えはじめたらヤバい。**行かない理由、やらない理由なんて無限に出てきますから。

――**①行きたくないときは行ったあとのことを想像する　②悪条件はライバルに差をつけるチャンス　③筋トレを歯磨きと同じルーティンワークにする**――という感じですね。お二人はどうしてそこまで1回の筋トレに対する思いが強いのでしょうか？

何年か前にビーチでバギー乗り回してたら、派手に横転して鎖骨を折ったんですけど、全治4カ月だったんですよ。それでね、1週間ぐらい安静にしてたら筋トレしたくて気が狂いそうになったんです。で、普段超ポジティブ思考なんですけど、2週間したらネガティブ思考になっちゃって。**「なんで生きてんのかな？」「人生に意味なんてあるの？」**みたいな本格的なヤツ。自分でもこんな思考になるのかって衝撃でしたね。で、これはあかんっちゅうことで筋トレを再開したわけです。もちろん上半身は動かせないからレッグプレスをやりましたよね。グリップすら痛くて握れないんですけど、「今こそレッグプレス強くなるチャンスや」ってことでただひたすらにレッグプレスです。この期間中、レッグプレスがメチャクチャ強くなったのはもちろんのこと、**筋トレ再開と同時に気分も回復したんです。**本当に筋トレに救われた。そういう経験もあって、俺は筋トレには足を向けて眠れないなと。そのときのことを考えたら、筋トレができるのにやらない、って僕にとってはありえない選択肢なわけですよ。たとえ疲れていたとしても全力で筋トレができるってね、本当に幸せなことなんですよ。僕は行くか行かないか迷ったときは自分に言い聞かせるんです。何を甘ったれたこと言ってるんだ、お前今健康なんだぞと。行くか行かないかで迷ってること自体がありえないぞ、と。

——さっき雷雨で筋トレサボったと言ってた人と同一人物とは思えないエピソードですね…。

俺も2年ぐらい前に手の指を骨折したんですよ。もうバンバン腫れてたんですけど、その日は撮影が入っていたので次の日病院行って。そしたらやっぱり折れてたんですけど、もうトレーニングの予約が入ってたんで、**行きましたよね、そのままジムに。**
そしたらトレーナーの三崎さん（※三崎和雄　PRIDEなどで活躍した総合格闘家）が「じゃあやれることやろう」って言って足だけやって。**折れてるから痛いんですけど、終わったら「あ、行ってよかったな」って。**

この**「やれることだけやる」っていう精神は筋トレに限らずマジで大切**なんですよね。ベストコンディションが整う事なんて、人生においてほぼない。どんな状況においてもやれることをやる。どんな状況でも自分にできるベストを尽くす。そういうやつが勝ち残っていくのが人生というゲームだと思ってます。

骨折れた3日後に『フリースタイルダンジョン』でバトルに出たけどマジ痛くて。ラッ

プやってんのに痛いって本当に痛ぇやつだって思いましたね。でもこれは完全に「向こう側の住人」と思われてしまうかもしれないけど、**ここで休んだらもう駄目だろう**と思った。

――お二人の話を聞いていると、筋トレと人生を重ねてとらえていらっしゃいますよね。

トレーニングを始めたのは、元々はライブのパフォーマンスを上げたいという目的がデカかったんですけど、今は肉体面だけじゃなく、精神面の鍛錬が目的でやっている部分も大きいです。**人前に立つとき、ライブに出るとき、自分の中に後ろめたさはないか。ステージに立つまでの過程に足りなかった要素はないか、**と自問自答するようにしています。

筋トレは自分との約束なんですよね。健康になるためだったり、自信をつけるためだったり、目的はどうあれ例えば「週に3回は筋トレするぞ！」って自分とお約束するわけじゃないですか？　その自分との約束すら守れなかったら、あなたの人生に規律なんて絶対に生まれませんよ。筋トレだけじゃなく、仕事でもそう。**自分で決めたルールを守**

れない奴は絶対に人生成功しないんですよ。

ただ、どこかで自分への逃げ道を残すようにしていますね。予定していたことができなかったり、夜中にラーメン食べちゃったりとかしても「大丈夫、俺はそれをカバーできる！」ってめっちゃ前向きにとらえる。ガッチガチになったら絶対続かないと思います。

おっしゃる通りで、アルバムのタイトルにもなっている鉄の意志（IRON SPIRIT）ってもちろんとても尊いものなんですけど、鉄はポキッと折れちゃうんですよね。だから、時には自分に甘く、柔軟でしなやかな竹のような思考も持ち合わせないといけません。ジムをサボってしまっても、**「今日行ってたらケガしてたな、あぶねー。自分、ナイス判断！」**みたいな。

——筋トレを継続していくためには自分との約束を守ることを原則にしつつも、締め付け過ぎないことも大事なんですね。

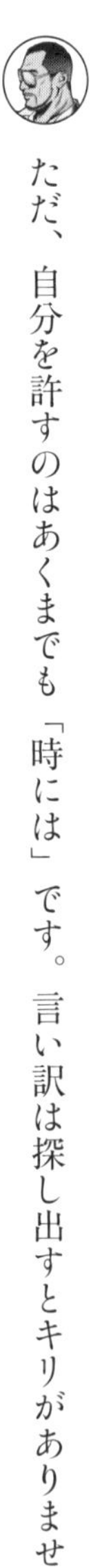

ただ、自分を許すのはあくまでも「時には」です。言い訳は探し出すとキリがありませ

んので。「やらない」という選択は誰でもできる。でも、誰でもできることをやっていたら、誰にでも歩める人生しか歩めないわけです。「平凡で良いです」というならそれはそれでいい。平凡な人生も立派な選択だと僕は思います。でも、尊敬されたい、かっこよく生きたい、成功したいという気持ちが少しでもあるのなら、みんなができないことをやる必要がある。ハードワークを心掛ける必要がある。となるとジムに行かないという選択肢は消えるわけです。筋トレをサボるとかサボらないとか、そんな小さな話じゃない。**僕らにしてみれば、人生で勝つか負けるかの重大な選択をしているに等しい話なんです。**

筋トレ　サボる？　サボらない？
人生　負ける？　勝つ？

こういう選択肢なわけです。

行く、行かないというそのジャッジは結局自分がするわけじゃないですか。自分に負けて眠るか、打ち勝って自分を磨くか。そう考えると、**行かないことによる損失**

がすごいんですよ。**これは真実だと思う。**

——筋トレをサボると、人生における損失がすごい、ってそれこそすごい話になってきました。

自分に勝てない奴は何も成し遂げられませんからね。**他人に負けるのはいいんですよ。能力も才能も投資してきた時間も違いますし。**でもね、自分にだけは負けたくない。負けたらあかん。

言い訳とダンベルを目の前に並べる。で、どれを取るか。本当にそれだけなんだと思います。

俺たちは、常にダンベルを取る。

あの、ちょっとお願いがあるんですけど。**雷雨の話カットできませんか…？**

――ダメです！

第2章

昨日の自分を1ミリ超える

苦しみは天下分け目の大戦である

苦しいと思ってからが本番だ。普通の奴は苦しみから逃げる。**普通じゃない行動をするから、普通じゃ手に入らない成功が手に入る。**単純な話だよな？　苦しみから逃げるな。ここで連戦連勝続けた奴が野望をかなえる。一つ一つの苦しみが天下分け目の戦だ。退くな。叩き潰せ。勝ったら天下に近付くと思って楽しめ。

何があっても
昨日の自分にだけは負けるな

自分の能力を周りと比べて一喜一憂するな。努力の月日も才能も何もかも違うんだから差があって当然。**大切なのは日々確実に成長することであり、昨日の自分に負けないことだ。**他人に負けるのは仕方がない。焦る必要も反省する必要もない。だが昨日の自分に負けるのは努力不足。焦るべきだし、反省もすべきだ。

周りと比べていたら一生自分に満足できない

周りと比べて劣ってようが、勝ってようが、いちいち一喜一憂するな。そんなことでは一生自分に満足できんよ。**劣ってる人たちを見下し安心する行為も、優れている人たちに嫉妬し落ち込む行為も愚の骨頂だ。**大切なのは「周りと比べて自分はどうか」じゃなくて「昨日の自分と比べて今日の自分はどうか」だ。日々精進。

覚悟を決めれば何だってできる

「なんかできる気がする」「イケそうな気がする」って気持ちは大切にしろ。周りの人は人生甘くないだとか、君には無理だとか言ってくるだろうが無視しろ。ほとんどの人がこの段階であきらめる。競争相手が戦う前から一気にいなくなるんだ。**人生は行動力があって、継続的な努力ができる人には結構甘いぞ。**覚悟決めりゃあ、何だってできるよ。やってみろ。

覚悟

お前か　また来たな
その様子だと昨日と同じだな
惰性ならお家に帰れ　ホラ今だ
ダセーのはテメーだ　オレ今来たわ

昨日の自分を1ミリ超える
不可能と言われた分　倍燃える
弱さ　怖さ　Boom bye bye　仕留める
最高の状態で全てを終える

俺には後が全く無いんじゃ
レスキュー隊でも消せねぇぞFire
安らかに眠れ　妥協に　怠惰
心の辞書に無いのリタイヤ

※
しっかりマインドセット　軽く気持ち前のめり
つま先から髪の毛　今日という日にカチ込め
なぁ　俺はやり遂げる　そう　俺はやり遂げる
なぁ　絶対勝ち取れ　今日こそ掴み取れ×2

※

お前かまた来たな
その様子だと昨日と同じじゃない？
テキトーにやれば自分以外はバレない
アイツはオレより出来そうだ　避けたい
って気持ちの向こうにあるのはアレかい？
楽して何かを得ようってアレかい？
ってソイツが厄介って今まで１０００回も
潰した残骸の上に立ち　限界を突破する　理屈じゃねえよ

覚悟は努力　迷いは殺す
天は与えた二物だぜ　この体とやり遂げるイズムだぜ
お前はドＭそうお前はドＭ
言われてると燃えるドドＭが心整える

苦しみは快楽　ぶっちゃけヤバイやつ
安心しろ　昨日までのお前じゃないはず
どんなスゲー奴も奢れば負ける

挫折も破滅も己を試す
ナンバーワンでオンリーワンで
その上この世で一番弱いと毎日叫ぶ

※

ATHLETE COLUMN
01

小見川道大
「ひたすら、真っ直ぐ走って行ってぶっ倒れるだけ」

『僕は男としてのカッコよさを求めているんです。強くて優しくて…強ければ優しくなれるでしょう？　戦っている自分がカッコいいと思っているし、トレーニングが嫌になってしまうことは一切ない。だって気持ちいいじゃないですか、鍛えてるときって』

柔道で数々の国際大会を制した実績を引っ提げ、総合格闘技に転向。ＰＲＩＤＥ、戦極、ＤＲＥＡＭなど国内のビッグイベントをはじめ、世界最大の格闘技団体ＵＦＣにも参戦し、日本を代表する総合格闘家として幾多の名勝負を繰り広げてきた。40歳を越えても若手選手を上回るハードワークを継続し、戦いの舞台に立ち続けている。原点は小学1年で始めた柔道。最初のライバルは2歳下の弟和隆さんだった。

『低学年のときは気付かなかったけど、学年が進むにつれて「小見川家は弟の方が強い

からな」って周りから言われるようになって…。クソッタレって思う気持ちが出てきたし「道大はどうせ勝てねーだろ」みたいな声が僕の原動力になっていた。てめーら今に見とけよと。「弟よりも弱い」っていうコンプレックスが僕を強くしたんです』

反骨心で柔道に打ち込んだ小見川はインターハイで準優勝を果たすなど頭角を現し、長期にわたって日本のトップ選手として活躍。転機になったのはアテネ五輪の選考会に敗れ、所属企業から社業に専念するように言われた２００４年だった。当時29歳。大企業で安定した社会人生活を送る選択肢は、小見川にはなかった。

『柔道は終わりにしたけど、体力はある。安定しよう、安定したいみたいな気持ちも全然なかった。まだ戦いたい、もっと戦いたいんだけどって。俺はまだまだ枯れちゃいねえぞって。柔道から格闘技に行った吉田さんや、高校の同級生だったマッハ（桜井マッハ速人）とかの試合をよく見ていたので、俺もＭＭＡに殴り込みをかけようと』

退職してバルセロナ五輪金メダリストの吉田秀彦氏が主宰する吉田道場の所属となり、プロ格闘技の世界に足を踏み入れた。デビュー戦はＵＦＣ参戦経験もあるアーロン・ライリーにKO負け。2戦目も世界的強豪のJZカルバンに敗れるなど順風満帆のスタートとは行かなかったが、数々の敗戦も糧にしてきた。

『僕はゲームなんかでも説明書を読まないタイプなんですね。だから最初は勝手がわからなくて負けが多かった。初戦と2戦目の2人は、めちゃくちゃ強い相手でしたしね。でも、負けた試合も僕の中で生き続けるんです。負けも受け入れて、これからの自分がさらにカッコ良くなるためのレベルアップの糧にすればいいんです。格闘技ってそういう競技なので。ずっとウダウダ考えていてもしょうがないっていうのかな。負けて落ち込んだとしても「で、お前は結局やんのかやんねえのか？」と自分に聞くんですよ。答えはいつだって一つ。僕の中にはやるという選択肢しかないんです。前を向くしかないんですよね』

負けを恐れず、次々に強豪に立ち向かっていった小見川は徐々に総合格闘技に順応。世界最高峰の舞台であるUFCでも勝利を挙げるなど、日本人MMAファイターのトップを走り続けてきた。

小見川道大
（おみがわ・みちひろ）

1975年12月19日、茨城県出身。小学校1年で柔道を始め、ハンガリー国際、日本国際、トレトリ国際など数々の大会を制し、釜山アジア大会でも銅メダルに輝く（いずれも66kg級）。2005年に総合格闘技デビュー。PRIDE、UFC、戦極、DREAMなどのリングを渡り歩き、軽中量級のトップファイターとして活躍中。横浜市青葉台に開いた「小見川道場」で後進の指導にもあたっている。NEO JUDO ACADEMY 小見川道場所属。

『相手が強ければ強いほど、壁が高ければ高いほど、それに向かっていく自分に酔いしれるところがある。もちろん恐怖心もある。そんなとき自分を追い込んで、自信をつけていくのはトレーニングしかないですよね。練習でやられたりすると、負けたらどうしよう、という気持ちが出てきて寝られなくなったりする。でも、練習を繰り返すことでそれをなくしていく。悪いイメージを消して勝ちのイメージに持っていくのもまた練習なんですね。最初から自信があるファイターなんていませんよ。練習で自分の弱さを叩き潰していって、それで試合に臨むから自信があるように見えるだけです』

トレーニングは試合に向けたフィジカルや技術、自信を構築していく作業であると同時に、自分を肯定するための作業でもあるという。

『トレーニングしていると自分を好きになる。わかりやすく言うとビンビンになる（笑）。自分で自分を追い込む、追い込む自分が追い込まれる自分を超えていく。そうすると自分に酔いしれる。僕は教えている子どもたちにも夢と希望を持って道場に来なさいと言っているんです。カッコいい自分を目指して、なりたい自分を思い描いて来なさいと。そうすればキツい練習もキツいと思わない。道場で頑張れば目標とか夢がかなうと思えば、ルンルンで来るじゃないですか。僕みたいな怖い先生はいますけどね。そんなもん問題じゃない』

道場に通う子どもたちに「最高の授業を見せてやる」と話し、自分の試合に招待しているという小見川。後進の育成に取り組みつつも、現役ファイターとしての炎も消えていない。どこまでやるか、どこまで行くか。自らの格闘技人生の終着点はどこなのか。

『集大成なんかないです。よく競技人生の第3コーナーとか第4コーナーとか言いますけど、そんなのないですよ。4コーナー回ったからもうすぐゴールだ、ってゴールなんてないですよ。やめること考えてやってんだったら、今すぐやめちまえって話ですよ。ただひたすら真っ直ぐ走って行って、ぶっ倒れたらそこで終わり。真っ直ぐ行くだけ。もう駄目だと思ったら止まるかもしれないけど、それはまた新しいスタートなんですよ。そもそも競技が全てじゃない。小見川道大っていう人間を全てひっくるめたものが大事なので』

トークセッション② Testosterone×般若×小見川道大

コンフォートゾーンから一歩踏み出す

――この章では、般若さんのジムメイトでもある小見川さんに参加していただきます。小見川さんは今年（２０１８年）12月で43歳になられますが、今でも若い選手に交じってハードに自分を追い込んでいるそうですね。

何度か一緒にトレーニングしたことがあるのですが、**小見川さんが一番すごいテンションでトレーニングに没頭する**ので、周りにいるメンバーも年長者がこれだけやるんだからやらなきゃいけないってなるんですよね。

よく言われるんですけど、これが普通じゃないのって思っちゃう。若い人から「小見川さん見てると元気になります！」って言われるとうれしいですけど、でも普通じゃない

の？　と。

ボクシングの井岡（一翔）君が渡米する直前、みんなで代官山を走ったんですが、小見川さんが超ダッシュするので、みんなでヒイヒイ言いながらついていったこともありましたね。最初に「小見川さんやめてくださいよ」って言ってたのに案の定とんでもないペースで走り出して。マダムが小型犬連れて散歩している代官山で、ゴツい連中が猛スピードで走っているという（笑）。

仲間内に一人ハードワーカーが入っていると、そのハードワーカーの設定するペースがその仲間内のペースになるんですよ。格闘技でも仕事でもなんでもいいんですけど、一度金払ってでもその世界の一流と言われる人の練習や仕事に密着させてもらうといいですよ。「あ、これが一流の普通なのか。自分は今までメチャクチャ生ぬるいことやってたんだな」ってわかりますから。「付き合っている5人の平均があなた」という言葉があるじゃないですか？　あれ本当で。人ってお互いを刺激し合うんですよ。損得勘定で人付き合いしろとは言わないですけど、**尊敬できる人たちと積極的にお付き合いすることはダイレクトに自分の成長につながる**のでお勧めします。

小見川さんとのトレーニングは刺激でしかないですね。**だって吐きながら走ってるんですよ。**それでも走るんだ、半端じゃねーな、ってなります。

自分では一流だとは思ってないですけど…。**疲れてウエッてなっても吐いたら治ると思って。**こう言葉にしちゃうとなんかヤバいですけど、自分にとっては普通な感じ。ドSなんですかね。自分はドMを通り越してドSになったところがある。

――よく言われることですが、トレーニングマニアはSなのか？　Mなのか？　という議論があります。

この曲の歌詞にも書いてありますけど、「お前はドM、ドドMが心を整える」。**トレーニングはドMでドSじゃないと続かない**と思うんですね。結局筋トレに没頭している人は決してみんな強いというわけではない。人にはいろんな面があって、**自分には弱い面があるとわかっているからこそやっている。**続けられなくなったら、また弱い自分に戻ってしまうというのを知っているからやめられないんじゃないかな。

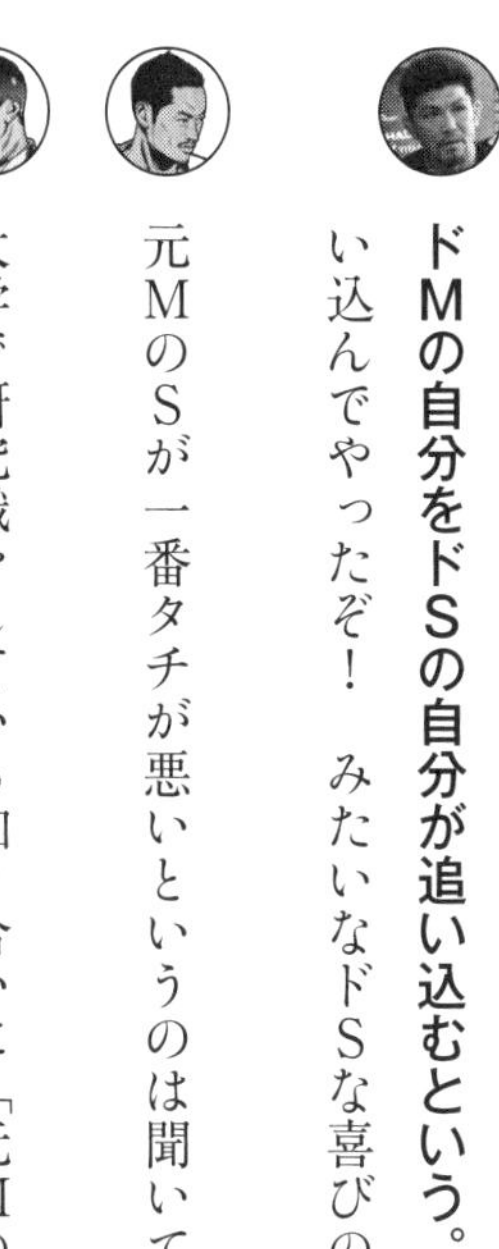

ドMの自分をドSの自分が追い込むという。前はMが強かったんですが、今は自分を追い込んでやったぞ！　みたいなドSな喜びの方が強いですね。

元MのSが一番タチが悪いというのは聞いてます。

大学で研究職をしている知り合いに「元MのSが一番タチが悪い」というテーマを調査し、エビデンスベースでレポートを書いてもらえないか依頼してみます。

――何の話ですか（笑）。

僕のところに「トレーナーさんがいないと追い込めない」という相談がよく来るんですよ。自分を追い込むのも追い込まれるのも大好きな僕としては新感覚と言うか、そんなことがありえるのか！　って最初は驚いたんですけど、自分で自分を追い込むことが苦手な人ってかなり多くて。自分の中にSとMの両属性があればいいんですが、そうじゃないからパーソナルトレーナーにS役をやってもらうわけです。

確かにライブなんかでも今のお客さんは受け身で、声出せ、手を挙げろって言わないと反応しなくなっている。**おさぼりM、おねだりMってやつですね。**

――何の話ですか（笑）。皆さんもジムに行くときはあまり気が進まないこともあると思うのですが、どんなことを考えていますか。

ジムに行く道すがら、自分に向き合う瞬間があります。曲の冒頭の「お前かまた来たな」。これは自分が自分と対話しているイメージなんですよね。**ジムの中と外は世界がまったく違いますから。**で、その中で、メニューだったり負荷だったり、今日はこれをクリアしよう、という覚悟を決めていく。組んでるプログラムもまあ緩くはないんで。

僕はジムの鏡に映る自分に「おう」って挨拶もするし、帰るときはダンベルちゃんに「また来るね」って約束してから帰りますよ！　ジムってライティングが良くて、ジムの鏡に映る自分はカッコよく見えるので挨拶が欠かせないし、**ダンベルちゃんに次来る日程をお約束して帰ると「ダンベルちゃんが待ってるから絶対に行かなきゃ！　ダンベルちゃんは俺を裏切らないのに俺がダンベルちゃんを裏切るわけにはいかない！」**ってなる

んですよね。

――僕はこの人何言ってるんだろうって思ってるんですけど、トレーニングをされているお二人には理解できるんですか？

いえ、僕らもちょうど今、コイツ何言ってるんだろうって思ってました。

ポチッ（♪嫌うなら嫌いやがれ　俺は何も気にしない♪）

――『Hate me now』（12曲目に収録）を流さないでください！（笑）小見川さんは気が進まないときのトレーニングはどうされていますか？

気が進まないときですか…。僕はいつもやる気に満ちあふれているので正直あまり考えたことがありません。常にやる気満々、常に全力です。

小見川さんはまれにいる〝本物〟ってやつですね。一般人とは完全に違う世界にいらっ

しゃる（笑）。

——気が進まないときは、どうしてもやらない理由、サボるための言い訳を考えてしまいます。

やらない理由、サボるための言い訳を考えるときは急にみんなクリエイティブになりますからね。雨降ってるから、とか。

僕は雨降ってるときに走ってると自分カッコいい！　って思うタイプです。雨でも休まず頑張ってる自分ってなんかカッコいいじゃないですか。それに試合が決まっているときは相手がいますよね。相手が九州の選手だったり、外国人だったりすると**「九州では雨降ってねえな」「アメリカでは雨降ってねえな」**ってなるので自分も走らないわけにはいかないんですよ。ライバルが走ってんのに、僕が走らないなんてありえないんで。

格闘技は相手がいるからめちゃめちゃビジュアライズしやすいですよね。「今対戦相手はどう過ごしてんだ？」と。アイツがハードワークしてるなら僕はもっとハードワーク

してやるぞという気持ちにもなりやすいです。でも、考えてみてほしいんですけど、例えば仕事でも同僚だったり競合他社だったりライバルは必ずいるはずですよね。サボりたくなったらそんなライバルたちのことを思い浮かべてください。**今あなたがサボって、彼らがサボらなかったら、その分差がついてしまう**んですよ。ウサギと亀の話じゃないですけど、そのライバルを思い浮かべて、それでもなおサボれるなら、あなたはウサギのこと笑えませんよ。

やらない言い訳を探す弱い自分に打ち勝つことで、少しでも強い自分になれるのも魅力です。ライブ前なんかも**俺はあのときあれだけ走りこんでいたんだ、俺はこのステージにくるまでに妥協は一切してねえぞっていう自負があれば、自分を強く持つことができる。**それは、ライブに限らず、どんな場面であれ確実にパフォーマンスに影響します。逆にふと振り返ったときに言い訳に負けてサボった自分や、妥協した自分がいるのであれば問題です。それじゃあ良いパフォーマンスなんて発揮できるわけがありません。

――トレーニングではやはり自分の限界を突破することを意識されているのでしょうか。

自分はどのトレーニングでも自分を極限まで追い込むので、意識することすらあまりないですね。限界まで力を出す、それが普通です。

理想は前回の1%超えですよね。とはいっても、前回も限界まで攻めているから、**1パー超えしようと思ってやっと前回と同じぐらいしかできない**んですけど。**大切なのは、自分の限界が見えたところで、もう一歩踏み出す胆力を鍛えることです**。それこそがトレーニングの最大の目的です。人間はコンフォートゾーン、つまり余裕しゃくしゃくの状況にいても成長しません。心地よいところから一歩外に、限界の一歩先に踏み出す必要があるんです。それは筋トレに限らず、人生における全てのことに通ずる真理です。そのコンフォートゾーンから一歩踏み出す胆力を鍛えるのに最も適したアクティビティが、僕は筋トレだと思ってます。最悪、重量やレップ数が伸びなくてもいいんですよ。そのときの自分を最大限に追い込んで、コンフォートゾーンから一歩抜け出せれば、それが最高のトレーニングです。

そうですね。**前回の自分を超えたい、という気持ちは常に持ってトレーニングに臨みます**。筋トレだとわかりやすくて、前回よりちょっと重かったり、回数が多かったりって

いうのは目指したいですよね。ライブでもそうですし、人生においても言えることだと思うんですけど、**嫌なこと、大変なことに飛び込む、バンって提示されたものにどうやってこたえるか、やれるか、**みたいなところがある。トレーニングでその厳しさを味わっておけば、人生にも確実に生きると思ってます。

最近は限界まで追い込まなくても筋肉は成長するという研究もあるけど、**限界を突破するというマインドセットをつくるのが一番わかりやすいし、気持ちいいし、自分の中で成長した、というのが実感できる。**前回よりプレート1枚、1・25kg増やす、8レップだったのを9レップにする。これに尽きる。成長ってね、経験すると中毒になるんですよ。

――小見川さんはやはり対戦相手を倒すぞ！　という気持ちがモチベーションになるのですか？

自分も昔はぶっ殺すぞ、という感じだったんですが、**今は、試合は潰しあいではなくて、試しあい**と思っています。今まで僕が生きてきたように、相手もそ

こまで生きてきて、いろんなことを乗り越えて試合場に立つ。俺はこれだけやってきた。お前もそれだけのことをやってきたからここに立っている、っていう**同じ場にたどり着いたリスペクト**がある。今は試合が終わったら、よくやりあったな、ありがとうございました。これからの自分に生かすぞっという感じですね。

試合は試しあい！　すごいライミング（押韻）だ。

試しあいだから、お互い今までやってきたことを出す。出せなかったとしたら、それもまた今の自分。だから**試合は鏡であって、弱い部分も含めた本当の自分を見られるいい機会。**それを見てどう次に生かそうかっていうのが、戦いだけじゃなくて、人生だと思う。子どもたちにも試合がゴールじゃない。試合が全てでもない。試合やってまたスタートだからっていつも言ってますね。

自分は弱いと認める強さがあるから、じゃあ強い自分になるためにはどうしましょうって考えられるんですよね。自分の弱さと向き合えない人は、たとえ一時調子が良くてもトップにい続けるのは難しいと思います。

どんなすげーやつもおごれば負ける　挫折も破滅も己を試すと曲中でも言ってますけど、常に自分の弱さと向き合い、それをハードワークで克服していく覚悟を持つことが大切なのかなと。

偉そうに語っちゃったけど、俺たちもまだまだ未熟だから走り続けるよ。

SCIENCE COLUMN 01

音楽を聴きながら運動をするとパフォーマンスは上がるのか

早稲田大学大学院スポーツ科学研究科・久保孝史

フィギュアスケートの羽生結弦選手は競技前、いつもイヤホンで音楽を聴いていますし、サッカーW杯の日本代表選手が競技場に到着してバスから降りてくるときも、ヘッドホンをしている姿が目立ちます。一般の人でも、ランニングやトレーニングなど、体を動かす際に自分の好きな音楽を聴いているとモチベーションが上がる、という人も多いでしょう。体感的には、音楽を聴くことはパフォーマンスにポジティブな影響を与えるように思えますが、実際はどうなのでしょうか。音楽が運動パフォーマンスに与える影響については、「音量」「テンポ」「歌詞」などさまざまな角度からの研究が進んでいます。

Edworthyら（2006）は、かかっている音楽の音量が60デシベル（dB）の場合と80dBの場合とで、ランニングマシーンを走る速度を測定しました。すると80dB、つまりより大きな音量で音楽を聴いた時の方が、走る速度が速いことがわかりました。さらにこの研究では音楽のテンポが速い場合（200bpm）と遅い場合（70bpm）を比べた場合、**アップテンポな曲を流したときの方が速く走れる**ということも明らかになっています。二つの実験結果の変数を合わせると**「速いテンポ」かつ「大きな音量」で音楽を聴くことが最も速い走速度につながる**こともわかります。

さらに、Jarrayaら（2012）はウォーミングアップ中に120-140bpmの音楽を聴くと、その後の**無酸素パワーの向上につながる**ことを報告しています。無酸素パワーというのは重い物を持ち上げたり、投げたり、といった大きな力を一瞬で発揮する力、いわゆる「瞬発力」のことだと考えてください。つまりランニングやウォーキングのような有酸素運動だけではなく、筋トレのような**無酸素運動をする場合にも音楽を聴くことがポジティブに働く**、と言えます。

また、運動前に遅いテンポの音楽を聴くことは血中のノルエピネフリン（ノルアドレナリン）の濃度を下げ、速いテンポの音楽を聴くことはエピネフリン（アドレナリン）

の濃度を上げることがYamamotoら（２００３）の研究でわかっています。両物質とも「やる気」や「闘争心」と関連の深い交感神経系に働くと言われているので、**リズムの速い音楽を聴けば、士気を上げる効果が期待できる**でしょう。

そして、音だけではなく、音楽の中で歌われている歌詞の内容に着目した研究もあります。Eliakimら（２００７）は運動後に①モチベーショナルな歌詞がある音楽を聴く②歌詞がないビートだけの音楽を聴く　③何も音楽を聴かない、の３パターンを比較したところ、モチベーショナルな音楽を聴いたときが運動後の乳酸の低下率が最も大きいことを明らかにしました。乳酸の働きについてはさまざまな学説がありますが、**運動後にモチベーショナルな歌詞を含む音楽を聴くことは、より早い回復につながる可能性がある**、ということは言えると思います。ちなみに、この実験で使用された楽曲は『"Freed from Desire"—Gala, 1996』『"Time after Time"—Cyndi Lauper, 1984』『"California Dreaming"—The Mamas and the Papas, 1965』『"Heaven"—Bryan Adams, 1983』になりますので、興味のある方は聴いてみてください。

久保孝史（くぼ・たかふみ）
１９９０年生まれ。大学施設のトレーナー、ラグビー部のＳ＆Ｃコーチを経て、現在は都内の大学バスケットボール部Ｓ＆Ｃコーチ。早稲田大学大学院スポーツ科学研究科博士後期課程に在学中。保有資格はスポーツ科学修士、認定ストレングス＆コンディショニングスペシャリスト（ＣＳＣＳ）。

参考文献

Edworthy J, Waring H. The effects of music tempo and loudness level on treadmill exercise. Ergonomics. 2006;49(15):1597-610.／Eliakim M, Bodner E, Meckel Y, Nemet D, Eliakim A. Effect of rhythm on the recovery from intense exercise. J Strength Cond Res. 2013;27(4):1019-24.／ Yamamoto T, Ohkuwa T, Itoh H, et al. Effects of pre-exercise listening to slow and fast rhythm music on supramaximal cycle performance and selected metabolic variables. Arch Physiol Biochem. 2003;111(3):211-4.／Eliakim M, Meckel Y, Nemet D, Eliakim A. The effect of music during warm-up on consecutive anaerobic performance in elite adolescent volleyball players. Int J Sports Med. 2007;28(4):321-5.／Jarraya M, Chtourou H, Aloui A, et al. The Effects of Music on High-intensity Short-term Exercise in Well Trained Athletes. Asian J Sports Med. 2012;3(4):233-8.／ Chtourou, H., Jarraya, M., Aloui, A., Hammouda, O., & Souissi, N. (2012). The effects of music during warm-up on anaerobic performances of young sprinters. Science & Sports(27), e85-e88.

人間をきわめろ

いつも通り　骨が軋んで
汗が滲んで　日が沈んでく
それを見ながら　越えられるのか
自分自身立ち向かう　また自ら
これは自由な選択だ
生まれたこと自体が贅沢だ
立ち止まるのはすげえ楽だ
目を覚ませ　まずは

スマホの充電が10%を切ってるが
俺の体　電池切れがないことを知ってる
コンセント探すよりもコンセプトは人間だ
下は向かねえ　前から上を見てる　真剣だ
山があれば海もある
地球のどこかで時代遅れの奴等は自ずと取り除かれる
だけど俺達イカれてるとか言われても
逆にまともだから上目指すよな
今がキツいとこなのは知ってる
あの日妥協しちまった自分も知ってる
嘘はつくな　嘘はつくな　自分に言ってる
這い上がれ　這い上がる　例え今がビリケツ
一人じゃねえ　仲間がいる　えっ　その理由？
同じ汗や血を流す奴等の中に見る共有　共感　意識　連帯
そして今日全員で超えてく限界

人間をきわめろ

人間をきわめろ
拝啓　60秒後に倒れるであろう自分
寿命が来る前に俺たちは何度か死ぬ
心は折れない　立ち止まることは許されない
何度でも生まれ変わって何度でも立つ　必ず
鍛え抜かれた心と体が羽ばたく
息を引き取る時まで闘う
ステージに立つその1秒前
最後になるかもしれない
一歩踏み出す
どんな日常さえ
ゴールに辿り着く前　布石にしか過ぎない
俺は俺を越えるために生まれた
まさに今日この日を迎えた
見ててくれと仲間達やライバルに伝えた
準備は万端だ　目の前の難関は全てOne Chance（ワンチャン）だ
止まっちまったら簡単に終わっちゃうんだ
人生ってライブはみんなのワンマンだ

人間をきわめろ
人間をきわめろ

五体のみを駆使して　自分の道を信じて
行けるはずだ100％ひたすらに突っ切れ
今目の前のステージまでは来れた
昨日までの弱い自分を越えた
産み出す　それ自体　実は怖い
さあ　俺たちの未来はどれだ
傷だらけの手の中にある　人生の中のリアル
汗を流し　前へ
それが俺たち人間には良く似合う

ATHLETE COLUMN 02

堀口恭司

「サボったら負けるというシンプルな話」

『疲れていて今日は練習行きたくないなーって思うこともあるけど、そういうときは「無」になりますね。ロボットになる。何も考えずにバッグをつかんで、自動的に練習場に向かうんです。まあ向かうと言っても階段を下りるだけっすけど（笑）』

日本総合格闘技界のエースは驚くほど質素な生活を送っている。住まいはアメリカ・フロリダ州にあるアメリカン・トップチーム（ＡＴＴ）の寮。１階がジムで２階が住居。起床したら１階に下りて練習し、練習が終わったら２階に戻って就寝。食事や買い物などのための外出は自転車で近場に出向くだけ。これが堀口の生活のほとんど全てなのだ。

『永遠に部活の合宿をしているような感じですね。近くに家を借りて通うこともできるんですけど、自分を追い込むためにわざと2階に住んでます。自分が行きたくねーなーっと思った時も下にジムがあると、自分の練習仲間とかが練習してる姿が上から見える。そうしたら「やらないと」って思うじゃないですか。同じように強くなりたいと思っている仲間がいるから頑張れる。普通の所属選手は試合が近くなると、キャンプのために泊まりに来るんですね。本来はそのための寮なんですけど、自分は常に一部屋与えられているような感じで（笑）。この環境があるから今の自分がある。だからいさせてもらえるならずーっといようと思っています。これがなくなった瞬間、多分いろいろなものが崩れると思う。人間って弱い部分は必ずあるんで。そこを認めた上で、その弱い部分を抑え込むために環境から作りこんでいくことはすごく重要ですよ』

平日と土曜日の午前中は格闘技の練習に費やし、部屋にいる時間もリカバリーが中心。酒は飲まず、夜の街にでかけることもない。唯一の息抜きは釣りやキャンプという自然派だ。

『格闘技やって、自然と戯れてってそれしかしてないんで、お坊さんというか、ほぼ出家していると言ってもいい生活です。みんな釣りで心を整えてるの？　みたいなこと言うんですけど、そういうことじゃないんですよ。僕の中で釣りと格闘技は同じ。ガチです。僕がやるのはルアーフィッシングなんですが、そこには魚いねーだろうと思って投げたら釣れた！　っていうのと、これは当たんねーだろって思って出したパンチが当たった！　っていうのはほとんど一緒なんですよ。探求していく感じで面白い。アメリカでも釣りはやるんですが、日本の魚の方が手強いですね』

５歳で伝統派空手を始め、２００９年にプロデビュー。デビュー16連勝を飾るなど国内で実績を積むと、２０１３年には世界最大の格闘技団体ＵＦＣに参戦を果たす。15年にはフライ級王座に挑戦するなど「ＵＦＣで最も成功した日本人」となった。将来の王者候補として嘱望され、ＵＦＣからも契約延長のオファーが届いていたが、17年に帰国を決断する。

『自分自身が小さいころ、山本ＫＩＤさんや魔裟斗さんの試合をテレビで見て、格闘技に憧れた。夢をもらったんですよね。だから自分自身も日本の格闘技を盛り上げて今の子どもたちにも夢を与えたい。こっちに帰ってくるからには、自分がトップに立って盛り上げないとっていうのはあった』

堀口恭司

（ほりぐち・きょうじ）

1990年10月12日、群馬県出身。伝統派空手から総合格闘技に転向し、修斗でプロデビュー。2013年から参戦したUFCでは通算7勝1敗とフライ級のトップファイターとして活躍した。17年4月にRIZINに電撃参戦すると、同年大晦日にはバンタム級GPで優勝。米国フロリダ州在住。アメリカン・トップチーム所属。

エースの自覚をもって帰国した堀口は期待通りの快進撃を見せる。17年4月のRIZINに初参戦すると、バンタム級GP制覇を含む怒涛の7連勝。そして18年9月には、キックボクシング史上最高の天才とも言われる那須川天心と対戦。惜しくも判定負けに終わったものの、相手の土俵であるキックボクシングルールで接戦を繰り広げ、専門家からも高評価を得た。

『自分は普段の生活と試合の区別があまりないので、達成感とかもなくて試合やったな、って感じでしたけど、反響はすごく大きかったですね。日本の格闘技を盛り上げることを考えたときに、誰とやれば盛り上がるか、今天心君とやれば絶対に盛り上がるじゃないですか。それだけですね。熱狂とか注目度みたいなものって掛け算だと思うんで。僕がKIDさんと魔裟斗さんを見て感じた感動を、今の人たちにも届けたいなって。だから天心君に挑戦するという形でやらせてもらった。僕は元々（立ち技の）空手をやっていたので、キックルールでも別に問題ないですし…って負けちゃったんですけど』

那須川戦は地上波ゴールデンタイムに中継され、久々に世間の注目を格闘技に集めた大一番だった。ただ、自身が「お坊さんの生活」と表現するように、格闘技界トップクラスのスター選手に上り詰めても、派手な生活とは大きく距離を置いている。なぜそこまでストイックになれるのか。

『やっぱり遊びたいな、練習しないで釣り行っちゃおうかなって思うこともあるけど、それをしたら負けるってわかってる。幸せなことに応援してくれる人もいる。その人たちの期待に応えたいのでやっぱりそういうのはできないですね。格闘技で成功して、派手な生活をしている人を見ていいなーとは思いますよ。いいなーとは思うけど、自分はそういう道ではなかった。そんなもん将来やればいいじゃないですか。別に今じゃなくていい。ラクなことはいつでもできると思ってるんで。つらいことは体が若いうちしかできない。だから今だけしっかり頑張る。何らかの形でしっかりしたベルトを巻きたいな、という大きな目標もあります。でも、巻いても終わらない。自分を強くしていく、新しい技術を入れていくという格闘技そのものへの追求心もあるし、強さの追求にはキリがないんで。もちろんやってること自体はキツいんですよ。アメリカ行ったらずーっと1階と2階の行き来だけですもん。だから多分バカなんですよ。それしか考えられない（笑）』

第3章

人の批判を聞いている時間は1秒もない

陰口なんて気にする価値なし

陰口なんて気にする価値もない。君の目の前に来て言わないって事実が全てを物語ってるだろ。**「俺の目の前来て同じこと言えるなら聞いてやる」**ぐらいの態度でOK。陰でグチグチ言われたからって反応してたら日陰に引きずり込まれるだけ。後ろめたいことないなら、太陽の下で堂々と笑顔で生きてたらええねん。

足を引っ張る奴のレベルなど知れている

陰口や噂話で君の足を引っ張ろうとする奴いるだろ？　ほっとけ。**足を引っ張るってことは君の下にいる証拠だ。**わざわざ自分のレベルを下げてまで相手してたら損だ。時間と体力の無駄でしかない。ほっといてそのまま下にいてもらえばいいし、君はもっと上を目指して頑張ったらいい。そのうち視界から消える。

戦わない奴らは黙って見とけ

必死で頑張ってる人を何もしてない奴らが笑ってんじゃねえ。プライドかけて戦場に立つ根性すらねえ奴が安全地帯から戦場の戦士にゴチャゴチャ言う資格はねえ。**黙って見とけ。**頑張ってる奴らも周りの目を気にしてビクついてんじゃねえ。君たちは誰がなんと言おうとカッコいいから安心して戦いに集中しろ。

批判を無視するべき絶対的真実

批判にいちいち傷つくな。**批判してる奴が批判されてる人より成功してるケース見た事ある？** 自分は勝負をあきらめてレースから脱落、**未練はあるけど自分を変える根性はない**から、頑張ってる人を批判して、足引っ張ってストレス解消してる負け犬だ。何かを成し遂げたいならそんな奴らの相手してる暇はねえ。無視。

オレの前に来て言え feat. AK-69

※
俺の前に来て言え
じゃなきゃオメー即死刑×4

オレの前に来て言え　オレの前に来て言え
オレの前に来て言え　って実は誰もソコに居ねえ
下手なSNSとベタな男のジェラスと
要は実体がない　こっち1回来なさい
文句なんてのは言うのは簡単だ　文句なんてのはまるでシャンパンだ
飲み干す　まるでBirthday　とりあえず返す　Verseで
俺はラッパーでアスリート　子供の頃は貧しい方
何が何でも勝ちに行こう　ココで止まったら悲しいよ
人の批判とか聞いてる時間はオレの人生には1秒も無い
結果が全てじゃピンと来ない　道のりこそ大事な死に損ない
嫌いな奴のカオ浮かべるより　好きなことにオレ時間割く
名前は絶対言えないけれどもあのコとやれたら2万出す
OK　殴れよ　2、3発　こーゆー自分が嫌んなる
超合金とかさ　ガンダム　オレの僧帽筋から逆三角
鋼鉄の意思で筋通す　もう面倒くせーからフルコース

他人の目なんて気にしてんじゃねー
ちょっとどいてくれ　いざ勝負

※

負け犬そこで吠えとるけど　俺のとこじゃ聞こえない
弱い奴はよう吠えるが　声枯れるでやめときゃー
聞こえない　でも吠える　届かない　だで吠える
露知らずの俺は極上の女と裸でホテル
オメーの気持ち代弁してやろうか？大抵
「そんな芸能人みてぇな女は金が好きで最低　抱きたくもねぇ　願い下げだて」
あらま　だけど　インスタの検索履歴　そんな女ばかり
Haaan「筋肉なんぞは俺は要らねぇ」
Haaan「つくりモノでゲトる見掛け」
だけどオメーの部屋にゃ使わないままな通販で買った鉄アレイと
読んだだけの『Tarzan』
あのさ　女も筋肉、金も欲しいくせにさ
〝要らねぇ〟じゃねぇ　〝ゲトれねぇ〟だけ　ショベぇ言い訳
野望叶える　大切な語録
One for the　努力　Two for the　孤独

※

トークセッション③ Testosterone×般若×AK-69

己の中の正義を貫く

――この曲には般若さんの盟友であるAK-69さんが参加してくれています。陰口や誹謗中傷への立ち向かい方がテーマになっていますが、人前に出る機会も多いお二人はそういう声を耳にすることも多いのではないでしょうか。

文句があるなら俺の前に来て言えって話ですよね。まあ大抵の奴は言ってこないんですけどね。**500%ぐらいの確率で。**もちろん俺たちの音楽活動に関しては賛否両論あっていいんですよ。でも好きか嫌いっていう二つで良くて、そうじゃない陰口だとか噂話みたいなことを言う人がいるとしたら、まあ**自分の人生に集中してください、**としか言いようがない。

誹謗中傷って自分に自信がなければないほど気になるものなんですよ。今思い返すと、駆け出しの頃は自分の噂とか誹謗中傷に囚われてましたよ。すごく気になってました。でもそのときって今と比べたら誹謗中傷なんて全然ないんですよ。別に注目されてねーもんで。今はウン千倍、もしかしたらウン万倍誹謗中傷があると思うんですけど、強がりじゃなくてあんまり気にならない。もちろん俺たちアーティストは人にどう思われるかも大事なんです。人気商売なんで。でもね、人がどう思うかってこととか、どう思われたいってことを考えて行動するより、**自分は自分の正義を貫けているのか。そっちの方がはるかに大事なんですよ。自分に嘘さえつかなければ、自分で納得のいく人生が送れていれば、他人に何を言われても別に気になりませんよ。**

間違いないと思います。他人に何か言われてメンタルがぶれるときって、**結局は自分で自分に納得いってないときなんですよね。**後ろめたいことしたとか、全力を尽くせなかったとか、自分の中にそういう気持ちがあると一気に他人の発言が気になりだします。自分で自分に納得がいっていないから、**自分では自分に高評価をつけてやれないから他人の意見を指針にしてしまう。**自分の中で完結していれば、他人が何言おうが知ったこっちゃねえって話ですから。今ここで話しているような思考だけを取り入れようとして

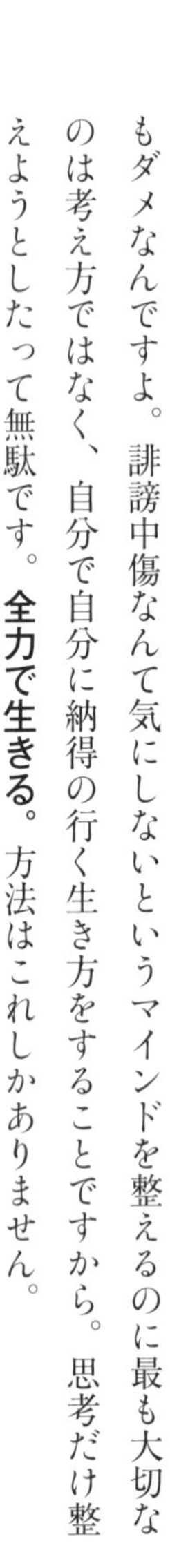

もダメなんですよ。誹謗中傷なんて気にしないというマインドを整えるのに最も大切なのは考え方ではなく、自分で自分に納得の行く生き方をすることですから。思考だけ整えようとしたって無駄です。**全力で生きる。**方法はこれしかありません。

それに尽きるよね。**人から言われることでメンタルがぶれてしまう人はやるべきことがやれていない。**やれていない後ろめたさでメンタルが豆腐になる。逆に言えば自分がやるべきこと、やらなきゃいけないことを一生懸命やってると、誹謗中傷なんて気にならなくなる。そんなん気にしてる暇もねーしな。自信がつけばつくほど何を言われても笑えるようになってくる。俺もいろいろ言われるんですよ。あいつが売れてるのはラッキーだったからだとか、身体鍛えてるけど見た目だけだとか、家が金持ちでボンボンだからいろんなコネがあるんだとか…いろいろ事実と全く違う噂や批判をね。でもね、俺自身がやるべきことをやってきてるってわかってるし、ここまで来れたのは運じゃないって自分で知ってるんで、何言われても痛くもかゆくもないですよ。

「争いは同じレベルでしか起きない」という言葉もありますしね。誰かの陰口や批判に反応してしまった時点で、それって彼らと同じレベルにまで自分の格を落としてしまっ

ていることなんですよね。人の〝レベル〟とか言うのはあまり好きじゃないし、気が進みませんけど、何かに向けて頑張ってる人と、自分はプレイヤーにならず他人の陰口や噂話ばかりしている連中はやっぱり違いますよ。ヘイターのために自分の格を下げるなんてアホらしい。陰でコソコソ文句言ってるクソ野郎のためにメンタル削られたり、感情を消費したりするのも腹立ちますし。なによりも時間の無駄。相手にしないのが一番です。

そう。じたばたしない。嘘を言われて焦ってしまう人もいるけど、**真実って遅かれ早かれ表に出るんですよね。**違うんだ！　って弁解することもできるけど、**無言の証明が一番強烈**だし、これほどかっこいいことはない。だから今は言われたことを気にしてあれがこうだああだって反応するのはあんまり興味ねえかな。

結果出しゃ黙るんだから、文句言うより結果出す方に時間を使った方がスマートですよね。

――自分のやるべきことをやっていれば、誹謗中傷も気にならなくなるとのことですが、ときには「目の前に来て言ってみろ」と怒りを感じることもあるんでしょうか？

俺たちも人間だし、そりゃありますよ。アーティストなんで感受性は豊かだし、元はこういうこと気になるし、見とけよこら！って燃料になるタイプの人間でもあるし。「その文句、目の前に来て言ってみろや」と俺は思ってるんですけど、それってやっぱり俺自身が俺に納得いってるからなんですね。何も負い目がありませんから。結果も出してるし。文句あんなら俺は逃げも隠れもしねーから目の前に来いと。

文句があんなら目の前に来て言ってくれ。正々堂々話し合おう。来れないなら黙っててくれ。とは思いますね。

お二人と話していて思うんですけど、お二人のメンタルの強さの源泉には肉体の強さがありますよね。ブラフで言ってるんじゃなくて、本気で「目の前に来て言ってみろ」って思ってますよね？

うん、思ってる（笑）。

ですよね。ひしひしと伝わってきます。僕はよくどうしたらメンタル強くなりますかって聞かれるんですけど、答えは超シンプルだと思うんですよ。筋トレなり格闘技なりして「文句あんならぶっ飛ばしてやるから直接かかってこい」って思えるぐらいフィジカルを強くしたら、勝手にメンタルは強くなる。強けりゃビビる必要ないですから。**メンタルはフィジカルの表面に過ぎません。**フィジカル弱けりゃそりゃメンタルも弱いよって話で。ゴチャゴチャ考えず、筋トレしてタフなボディを作り上げるのが一番！

真理。

——筋トレが強いメンタルにつながるとのことですが、筋トレは楽曲制作等の創作活動にもポジティブに影響すると感じますか？

感じますね。Ｊ－ＰＯＰには圧倒的に恋愛ソングが多くて「日本人は恋愛しかしてないのか？」って俺は不安に思ったりするんだけど、俺たちのラップは自分と戦ってる、追い込んで、何かに向かってる、そういう奴らの背中を押してやるためにあるもんで。**そういうリアルな歌を歌うためには、俺自身がリアルでなきゃいけない。俺自身が自分を**

追い込んで勝負している人間じゃないとリリックに深みは出ないし、リスナーもバカじゃないもんで一発でバレちゃう。人にカッコのいいこと言ってもてめえに甘かったら説得力ないですから。自分がペンを手に取ってリリックを書くときに、自分の中に嘘があったら言葉に魂が宿らない。**つまり言霊にならない。**そういうことは往々にして俺たちの音楽にはあるのかなと思う。筋トレをして説得力のある肉体を作ったり、トレーニングで死ぬほど自分を追い込んだりするのはその一環でもある。

楽曲に見合う体でいたいという思いは強いよね。強いことを言うならそれなりの体ではいたい。『オレの前に来て言え』ってガリガリのやつが歌ってたら嫌じゃないですか？　大丈夫かお前？　みたいな（笑）。

それって社会人も全く同じで、仕事力ってトータルパッケージだと思うんですよ。仕事ができるだけではダメで、会った瞬間に相手に「お。コイツは仕事ができそうだ」と思わせられなきゃいけないし、部下には「この人についていきたい」と思ってもらわないといけない。**そこで筋肉ですよ。**肉体と説得力は切っても切り離せない。取引先の担当がゴツいだけでも言っていることになぜか説得力が増しますし、上司がマッチ

ヨでビシッとスーツ着こなしていたら部下としては憧れるし、ついていきたいって思いますよね。病気とかの事情がある人は当然除きますけど、己の怠慢でガリガリだったり、腹が出ていたりしている人が偉そうなこと言っても説得力がないですよね。第一印象ってメチャクチャ大事なんですけど、見た目で気を使えることと言えば髪型、スーツ、時計、靴、筋肉ぐらいじゃないですか？　**髪型、スーツ、時計は金を出せば誰でも買えるけど筋肉だけはそうはいかない。**体を作ろうと思ったらそれなりに自制心を使って食事管理して、ハードな筋トレをこなしてって、やるべきことをやった勲章が体ですからね。そりゃ説得力ありますよ。楽には手に入らなくて誰もやってないからこそ、市場での価値もメチャクチャ高い。スーツの上からでもわかるほどに鍛えたら確実に一目置かれますよ。他にも健康管理や脳の活性化等さまざまなメリットがあり、筋トレしない理由がありません。さて、次に筋トレで自分の魂を追い込むというテーマに移ります。**この話、あと200ページぐらいは続きますが、一旦トイレ休憩にしますか？**

——あ、今日はもう話していただかなくて大丈夫です（笑）。さて、気を取り直してどんどんいきましょう。CD販売よりもライブ活動の方が活発になってきている昨今の音楽業界ですが、筋トレはライブパフォーマンスにも影響を及ぼしますか？

はい、それは疑いようがありません。僕らは今年40歳。何もしてなかったらステージ上がれないっすよ。緊張感で呼吸も浅くなるし、トレーニングをしていない40歳の体でステージに上がったら、10分持たないんですよ。

そうだね。まずトレーニングをしないってことをもう考えられない。思いを張り巡らせるとかデータを収集するとかいろんなプロファイリングをするとか、ミュージシャンとして活動する上で大事なことってたくさんあるけど、その中でも、**筋トレをするってすげーシンプルだけど占めてるウエイトがすごい大きい。**僕らは人前に出てパフォーマンスをする仕事だから、もちろん心肺機能だったり、見た目の美しさだったりがすごい大きく影響する職業ではありますけど、そうじゃない人でも、筋トレすることによって得られる昨日の自分を超えたぞっていう自信の獲得は大きいと思う。**何かを頑張ってる人ならやるに越したことはない。頑張ってない人は別にやらなくてもいいと思うんですけど。**

間違いないですね。別にみんなプロアスリートやボディビルダー並みのハードな筋トレしろ！　って言ってるわけじゃないんですよ。なんなら筋肉を鍛えることを目的に筋ト

レしなくたっていい。筋トレの代表的なメリットである健康管理、ストレス解消、脳の活性化、アンチエイジング、体力向上等はどの分野においても必ず役立ちます。それらを目的に筋トレしてもいいわけです。僕は筋肉大好きですけど、それと同じぐらい、先ほどあげた恩恵があるからこそ筋トレをライフワークとして取り入れています。**まあ、筋肉大好きなんでそれらがなくても多分変わらずやりますけど。**

俺は常に上を目指したいし、今のままの自分じゃ上にはいけないと思ってるから、もっと自分のポテンシャルを上げていくために努力してる。筋トレもその一環。筋トレは自分のレベルの底上げにつながると俺は感じてるからね。そのままの力、素の才能だけで戦っていたら今の場所に来ていない。やったら確実にレベルアップした自分になれるのに、それをしない手はない。**やった方がいいことはやった方がいい**というシンプルなこと。勝つための努力は惜しまない。

――筋トレはとても大変でつらいイメージがありますし、そこまで自分に厳しくできる人はあまり多くない印象です。やった方がいいことはわかっているんだけど、できない人って多いですよね。

まあそれはわかるんですけど、大変でつらいことを避けてたら、価値のあるものは何も手に入らないですよね。楽して何かを得ようって考えを捨てないと。

そもそも自分に厳しくて、つらいことに挑戦できて、自分を律する能力が高い人なんてあんまりいないと思うんですよ。**俺も本当はグータラで自分に甘いですよ。だからやってる。自分の甘さを良しとしたら、そのまま転落していくってわかってますから。**

そういう人こそ筋トレしないとダメなんですよ。筋トレで鍛えられるのは筋肉だけではありません。**魂も鍛えられます。**良い体を目指すなら、食事管理と筋トレ時間の確保がマストですけど、それをやっていく過程で自制心が鍛えられます。さらに、筋トレって自分の限界を超えていくアクティビティなのでつらくてしんどい瞬間ってのは必ず訪れるんですよ。前回７回しかできなかった１００kgのベンチプレスを８回挙げようと思ったらそりゃつらいし、しんどい。でもそのつらさを乗り越える。そして、つらさ以上に自分の限界を超えるという快感を味わう。これをひたすらに繰り返していくわけです。するとどうでしょう。つらいことに挑戦し続ける疑似体験ができるわけですね。つらさを乗り越えた後の快感の味も覚えられます。人生でつらいことがあっても、ここで慣れておけば楽勝です。筋トレで魂を鍛えるのです。

そう。筋トレは自分と向き合うこと、つらくても自分にとってやった方がいいことを全部やりきる、っていうことを教えてくれる。**限界を超える勇気を振り絞れるかどうか。これは人生を大きく変える能力ですよ。**

──なるほど、確かに自分の限界を打ち破る経験って普通に生きているとなかなかできないですよね。

自分の限界を打ち破るといえば一つ面白い話があって、俺はベンチプレスで１００kgがなかなか挙がらない時期があったんですよ。95まで挙がっても、１００になると全然挙がらなくなる。で、あるときトレーナーから「次90っすよー」って言われて挙げたらめちゃ重くて。「今日の90重てーなー。体のパフォーマンス悪いなー」と思ってぱっとウエイト見たら１００kgだったんですよ。次の瞬間「うぉー！！挙がった！！！」ってなって（笑）。

それ、明日死んでもいいぐらいうれしいヤツじゃないですか！　ください！　僕にもください！

それはすげープレゼントだね。一生に1回もらえるかもらえないぐらいの、すげープレゼントだね。

俺が100kg挙げられなかった最大の原因は、俺が勝手に心の中に作り出していた「100kgは挙げられない」っていう思い込みだったんですよ。**自分の心で勝手に限界を決めて、それが体のパフォーマンスにも影響しちゃってた。**自分で勝手に限界を作ってしまうことって筋トレ以外でもあるんじゃないかと思いますよ。壁だ壁だって思い込んでしまってるけど、壁を突破できる自分を1回でも経験すると、全て変わっていく。頑張ったら夢がかなう、ってほど現実は甘くないけど、自分とひたすら向き合って、それでも頑張る。そうしたら昨日の自分は超えていける。そういう部分をトレーニングは教えてくれる。

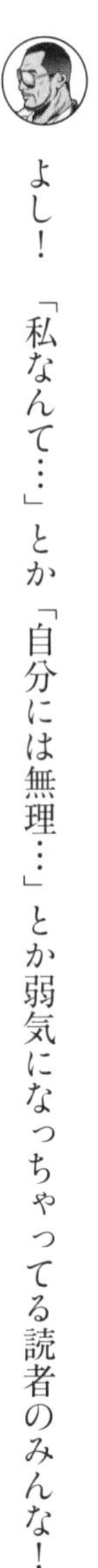

よし！「私なんて…」とか「自分には無理…」とか弱気になっちゃってる読者のみんな！

ベンチプレスしよう！　**ベンチプレスこそ弱気な自分を抹殺する唯一のソリューションだ！**

そうだな。他人の噂話や陰口に振り回されてる暇あったら俺たちの曲でも聞きながらベンチプレスしてくれよ。他人はほっといて自分を高めることに集中しようぜ。

人生って生まれた瞬間から死ぬまで自分と向き合っていかなきゃいけない。だから24時間ある中で、20分でも30分でも自分に向き合う時間を作った方がいい。それが筋トレでも趣味でもなんでもいいんだけど、**人の批判とか聞いてる時間は君の人生に1秒もない**ですよ。

人の批判聞いてる暇あったら、俺たちはトレーニング行くわ！

AK-69

（エーケー・シックスティーナイン）

孤高のヒップホップアーティスト。“険しい道を敢えて選ぶ”という自身の歌詞にもある通り、勝ち上がりづらい環境から、頂点を目指すラッパーである。
2016年1月、自身が代表を務める「Flying B Entertainment Inc.」を設立。同年4月には米国の名門HIP HOPレーベル「Def Jam Recordings」と電撃契約を果たす。プロ野球選手登場曲の使用率No.1に3度輝く（14年、15年、17年）などトップアスリートからも絶大な支持を集める。

第4章

限界のその先へ

苦しみや痛みが苦手な人こそ筋トレ

筋トレは筋肉だけでなく精神力も鍛える。苦しみ、逃げ出したい気持ち、痛み、さまざまな障害を自分のペースと意志で乗り越える機会を与えてくれるのが筋トレ。**「苦しみや痛みが苦手」って人にこそ筋トレを勧めたい。**筋トレで鍛え上げた精神力をもってすれば、人生において乗り越えられぬ困難などない。

人類が皆
筋トレをするべき理由

人生はシンプルで「もう無理」と思った所からもう一歩踏み出せる奴が結果を出すし、成功する。**普通の人がやらないことをやり、こだわらない細部にまでこだわり、もう限界だと思っても気合で押し切る。**筋トレで言うワンモアレップの精神。この精神を鍛えるには筋トレが一番適しており、人類は皆筋トレしたらいい。

思い通りに行かないから面白い

うまくいくと思うから失敗したときにショックで挫折する。うまくいかなくて当然だと思っとけ。思い通りに事が運ぶなんてまずありえない。思い通りに行かないことを試行錯誤してクリアしていくのが醍醐味だ。思い通りに行くなら皆やる。思い通りに行かないことを成し遂げるから価値がある。**逆境でこそ燃えろ。**

倒れそうなときこそスピードを上げろ

最後にモノを言うのは根性だ。常に無理するのはお勧めしないが、時には覚悟決めて根性で突っ切ることも必要だ。そんなときは**止まるな。後ろを振り向くな。前に前に突き進み続けろ。**倒れそうなときこそさらにスピード上げて前に進め。自転車想像してみろ。止まったらバランス保てなくて転ぶだろ？　人生も同じだ。

ワンモアレップ

feat. SHINGO★西成 & Young Hastle & DJ FILLMORE

※
ワモレ
上がれ
ワモレ
頑張れ×2

ワモレワモレ　頑張れ頑張れ
上がれ上がれ上がる　カマセカマセCome again
握る強くバー　俺に限界は無い
HALEOクレアボルを飲んで　最後ひとつ挙げたらあ
人の理解求めない　だけどマニア達を越えて俺は外に届けたい
日本人ガリガリ　ひ弱そう　ちょい待ち
時は流れ　時代変わる　口だけなら来いガキって
世界的に仕事出来る男達はカッケー
モテる事も発見　デブでニート残念
嫌味なんて言ってねえ　出来る奴がイケメン
ラップも身体　鍛え上げて1度きりの人生ゲーム
最初誰も何も無え　作り上げてワンモアレップ
会社　学校　皆言うよ「本当アイツ半端無え」
壁を壊すか？　又は眠るか？
嫌、俺の身体今日も倍ヤバイやFIRE BURN

※

ジムでの達成感　積み重ねがライブの安定感
歓声がデカけりゃ完璧や　I Don't Care
三日坊主関係ない　確信犯
進化した3連チャン　Up & Down
インターバルは肺強くなるトレーニング
今からでも遅くない
BGM合わないカーペンターズ　When I was...
とれとれピチピチカニより毎日サラダチキン
あれこれどれだけShake　HALEOで腹割れ男で
惚れ惚れ仕上がってる　ポージング決まってる
運慶　快慶　金剛力士像みたいなってる
見た目ジャガでラガでラパッでパパでバカでアホでヤバめ
DJがサッカーゲームやってる横で上げて下げてワモレ！ワモレ！
心鍛え鋼磨いた腕　背中羽が生えてる
タフで弱音吐かねえ　西の期待外れ！　しばいたるで！

※

ワイエイチ　がんばれラスト1回　これが一番大事だけどキツい実際
上がらなくてつぶれてもトライはしたい
ここで諦めたらやったセット意味ない
最後一回上げるか　妥協して負けるか　どうするお前なら
最後一回上げるさ　自分に負けたくはない　ちゃんと効かすどーせやるなら
おととい腕　昨日脚　今日胸　休み無し
行きたくね　そんな日もあるぜ　このループは無限　でも行くしかねえ
デカくなるアウトライン外側　強くなる心の中
健康なオレの体　それが財産　やっとパワーラック空いた

※

トークセッション④ Testosterone×般若×SHINGO★西成×Young Hastle×DJ FILLMORE

ワンモアレップが人生にもたらすもの

――ただひたすらに筋トレについて歌った伝説の曲『Workout Remix feat.般若&SHINGO★西成/Young Hastle』(7曲目に収録)が2011年に発表された際は、コアな筋トレマニアたちがざわついたと聞いています。その3人が再び集まって、新たな筋トレアンセムを作ってくれました。

当時僕はアメリカで学生をしていて、筋トレと格闘技にドップリの生活を送っていたのですが、ある日YouTubeでこの曲を見かけて度肝を抜かれましたよね。というのも、今でこそ日本でも多くの方が筋トレしていますが、僕の印象では当時はまだまだ好きな人だけがやるマイナーなアクティビティでした。それなのにこんなにヤバい曲が作られている。筋トレ大国アメリカですら、こんなに筋トレ筋トレした曲ねーぞと(笑)。日

本のラッパーすごい！　って。筋トレ行く前はいつも聞いてました。この曲の何が最高って、筋トレ以外の趣味をバカにするでもなく、無理やり価値観を押し付けることもせず、ただひたすらに「筋トレ最高！」「筋トレ楽しいよ！」っていうところを前面に出していて、聞いていて本当に気持ちが良いんです。楽しくなっちゃう。今こうしてあの伝説の曲を作ったお三方とお会いできるのも本当に光栄です。『Workout Remix』はどんな経緯で制作が始まったんですか？

一部では**「早すぎた」**と言われている『Workout Remix』だけど、こんなにど真ん中で受け止めてくれている人がいるなんてありがたいよね。あのころの映像見ると自分の体が小さすぎて見てられないけどね。

Young Hastle　やーうれしいっすね。僕は基本的に自分のことをラップするスタイルなんですね。で、当時筋トレにハマりだしたころで、『Workout』っていう曲が僕のファーストアルバムに入ってて。そのころにジムで般若さんに偶然会って、こういう曲やってるんです！　って手渡したのがきっかけですね。そうしたら般若さんが「あの曲面白いね！　ああいうの一緒にやろうよ」って言ってくれたんですよ。僕の

中でRemixを作るならもう一人アーティストを呼びたいっていうのがあって、当時のヒップホップシーンを見渡したら、SHINGOさんしかいないと。SHINGOさん、当時はよくタンクトップを着られていたんですけど、マジでゴツかったんですよ。すげー筋肉だった。それで、この3人での楽曲制作が決まりました。

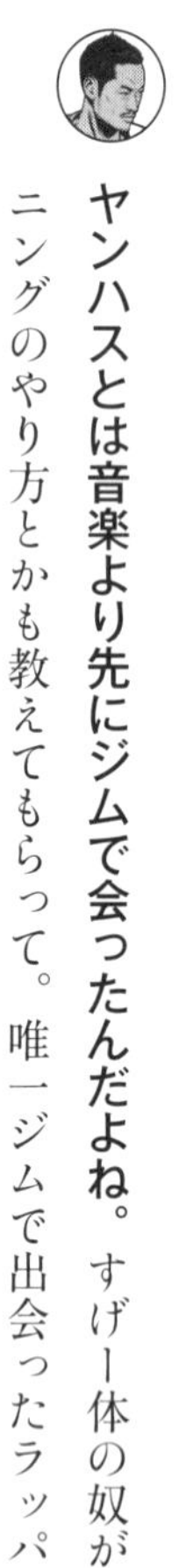

ヤンハスとは音楽より先にジムで会ったんだよね。すげー体の奴がいると思ってトレーニングのやり方とかも教えてもらって。唯一ジムで出会ったラッパーなんだよね。

大森のゴールドジムを借りて、深夜にPVも撮りましたね。

広報の人が「うちはないマシンがないんで」って言ってて超かっけぇって思って。「なんだこの首鍛える器具は！」みたいな。

撮影の合間もずっと筋トレしてましたよね（笑）。

深夜だから人はいないし、完全に大人の遊園地だった。歌詞も日本のラップではあまり

聞き慣れない言葉が出てますよね。「筋トレ前まずクレアチン」って！

DJ FILLMORE　僕は当時、その曲を聞いてクレアチンを買いましたから！「夢の中でIVANKOでブランコ」（※編注　IVANKOは米国のトレーニング器具メーカーの名称）「バーベル置くときふと見える女神」（※解説Testosterone　筋トレ中に異性が入ってくると、どうしても意識しちゃう人間の本能をとらえた名リリック）も僕の中では伝説のパンチラインとして心に刻まれてます。

――皆さんは筋トレのどんなところに魅力を感じているのですか？

SHINGO★西成　僕にとってジムは自分を調整する、整える場所。最初は筋肉付けて大きくなりたいという思いで始めたけど、今は100%メンタルをコントロールするためにやっている。不安なときに筋トレで気持ちを落ち着かせることもするし、逆にテンションが上がらないときに筋トレでハイになることもある。**メンタル調整所。**
般若はツアー中も懸垂するためのバー持ち歩いてたよね。

ライブ会場行ったらまずは懸垂できる場所があるか探すよね。ない場合が多かったから、自分で持っていけばいいやと思って。取り付けられる簡易懸垂バー。般若が地方にライブに行くと、空港のスーツケースレーンに簡易懸垂バーが流れるという。

空港と言えば荷物検査とのバトルがありますよね。係の人に教えてもらったんですけど、プロテインやBCAAなんかのパウダーサプリメントってX線検査のときにスクリーン越しに見ると液体に見えちゃうみたいなんですよ。だから頻繁に止められる。で、**「この怪しい粉はなんだ?」**ってなるわけです。さっきの話じゃないけど、「これはクレアチンだ」みたいな。「クレアチンってなんだ!?怪しいな!」と続くんですけど(笑)。これがアメリカだと通じるんですよ。通じるどころか、**「君はクレアチンをローディング(定期的にクレアチンを摂取し、血中濃度を高めておくこと)するタイプ?しないタイプ?」**って聞いてくる奴とかもいるし。

――フィルモアさんはDJでありながらフィットネス競技の選手としても活躍されていて、今年は『NABBA WFF KOREA』という韓国の大会でも優勝されたんですよね！　筋トレを始められたきっかけを教えてもらえますか？

僕は元々すごく体が細くて弱かったんですけど、DJとして活動を始めて、初めてミックステープを出したころに、街のやんちゃな人たちに「なんだあいつ調子に乗ってるぞ」みたいに目をつけられちゃったんですね。街で会ったらボコボコにされるぞ、とめちゃめちゃ恐怖を感じてしまったんです。2、3カ月、下を向いて歩く憂鬱な生活だったんですけど、ふとした瞬間に、**やりかえせる力を持っておけば恐怖心がなくなるんじゃないか**と気付いて。それでメチャクチャ筋トレしたんです。ただひたすらに。そして、ついに彼らと街で遭遇してしまったんですね。どうなるんだろうって不安だったんですけど、「よう、のもち！（本名が野本のため）」みたいな感じで挨拶だけして何もしてこなかったんですね。**体が1サイズ大きくなって少し強そうになっただけで、対応こんなに変わんのかよおいってなりましたよね。この世の真理に一歩近づいたと。**そこからト**レーニングライフに過剰にハマってしまった**という。

非常にいい話ですね。わかりやすい！

トレーニングの本当の良さって**思考とマインドセットの形成**なんですね。トレーニング直後は悟りを開いたかのような、ちょっとした達成感があって、モチベーションがグッと上がる。**その時間を多く過ごしている人たちは街中を歩いていても光って見える**ような気がしますね。後光がさしています。悟りを開いている感じです。

フィル君は**完全に向こう側の人**なんで、どうしてもこのプロジェクトに入れたかったんですよ。

——その領域まで行くのはなかなか大変そうですね…。ヤングハッスルさんはどのようなところに筋トレの魅力を感じられていますか？

キツいんだけど、正しいやり方で継続すれば、**やればやった分だけ結果が返ってくる**というところですかね。筋トレ自体は高校の野球部でやってたんですけど、辞めたらめちゃめちゃ痩せちゃって…。カッコ悪いから体おっきくしようというのがスタートでした。**ヒップホップと筋トレってアメリカでは結構当たり前**で、ラッパーはみ

んなムキムキ。当時はジム・ジョーンズに憧れて始めましたね。日本人のラッパーで筋肉すごい人あまりいないなっていうのがあったから、誰もやってないなら俺がなっちゃえばいいじゃんって。

『We Fly High』のときのジム・ジョーンズは最高でしたよね。**筋肉！ タンクトップ！ お金！ プライベートジェット！ プール付きのコンド！** っていう男の憧れを具現化したみたいなPVの中で、ビキニの美女を背中に乗せて腕立て伏せするっていう（笑）。

あれはヤバいっすね〜。ヤンハスも言ってるように、俺たちの中では筋トレ×HIPHOPは当たり前なんだけど、なぜ根付かないんだと。これはヒップホップ業界全体として恥ずべきことですよ。ラッパーが不健康なことやめて、いい体になったら絶対マーケットが変わる。ジャンルの見え方も変わる。いいことしかない。**簡単に言うと女にモテる。**

――やっぱり筋トレするとモテるんですか？

筋トレしてるからモテる、というか、体が仕上がるからモテる。筋トレしても仕上がってないとダメじゃないすかね。**仕上がれば結果は出る。**

――結果!?

格言か（笑）。

自信もつきますしね。良い体してるだけでモテる、ってことはないかもしれませんが、女の子に話し掛ける自信が身に付くっていうのは大きいですよね。会話のきっかけにもなりますし。

いや、良い体してるだけでモテる。**仕上がれば結果は出る**（清々しい程の断言）。

――とにかく「結果が出る」のが筋トレの魅力ということでよろしいでしょうか（笑）。今回4人で作っていただいた『ワンモアレップ』に込めた思いも教えてください。

ワンモアレップってトレーニングで一番大事な考え方なんですよね。限界からのワンモアレップ。これがトレーニングの醍醐味です。ここで筋肉もメンタルも鍛えられる。そのための応援歌です。

曲中で普通に「頑張れ頑張れ頑張れ頑張れ」って応援してくれてますもんね。トレーニング中に聞いたら、メッチャ励まされます。

僕のバースでアガレアガレと連呼するところがあるんですけど実はアガレアガレアガレアガレ「アガル」って言ってるんですよ。自分で自分を応援してる。

筋トレしてるとセルフトーク、自己暗示がうまくなりますよね。自分で自分を応援したり鼓舞したりする。アメリカだと自分どころかバーベルに話し掛けてる人いますからね。「You are my bitch! お前は俺のビッチだ!」みたいな（ビッチ＝尻軽ということで、お前なんて重くないぜ。俺が軽く持ち上げてやるぜ! という意味が込められている）。

たまにバーベルにキレてる人いますよね（笑）。

――フィルモアさんも「ワンモアレップ」は重要だと思いますか？

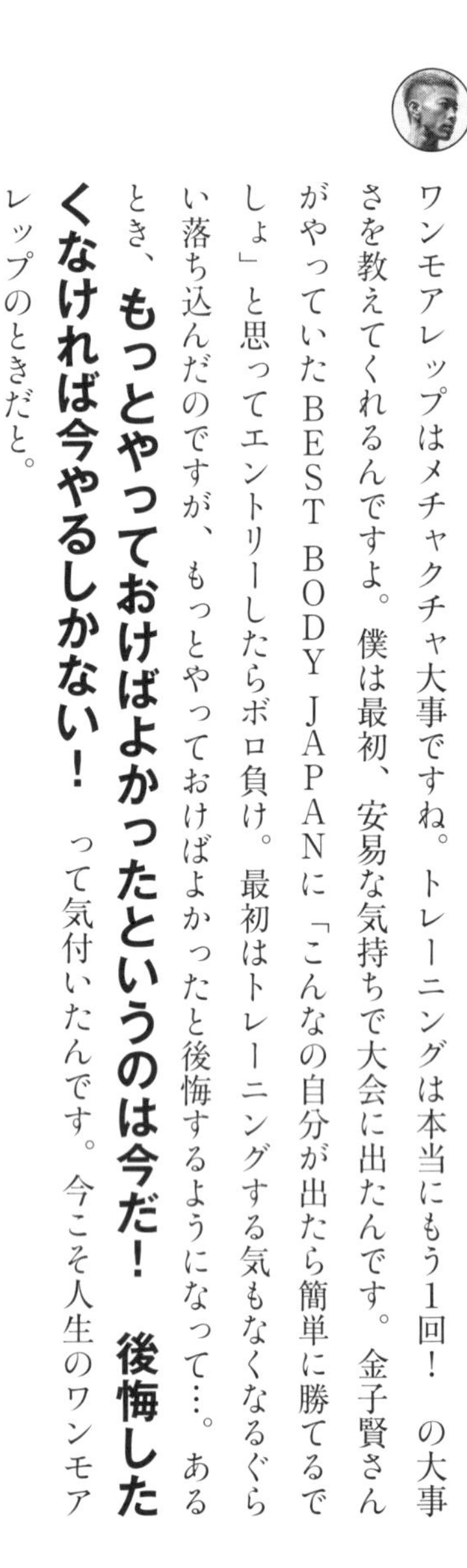

ワンモアレップはメチャクチャ大事ですね。トレーニングは本当にもう1回！　の大事さを教えてくれるんですよ。僕は最初、安易な気持ちで大会に出たんです。金子賢さんがやっていたBEST BODY JAPANに「こんなの自分が出たら簡単に勝てるでしょ」と思ってエントリーしたらボロ負け。最初はトレーニングする気もなくなるぐらい落ち込んだのですが、もっとやっておけばよかったと後悔するようになって…。あるとき、**もっとやっておけばよかったというのは今だ！　後悔したくなければ今やるしかない！**　って気付いたんです。今こそ人生のワンモアレップのときだと。

確かにフィル君はあそこから変わったよね。今は大会で優勝したらその足でジムに行くって言うもんね。

コンテストに出た次の日からまた新しいスタートなんですよね。今回も韓国でプロカードを取得したら何か見えるんじゃないか、日常生活も、満足感と達成感で楽しい時間が流れるんじゃないかと楽しみにしていたんです。でも、日本に帰ってきたらもう今度はプロで1位になりたいっていう新しい目標ができていて、**常に上を目指す欲求が止まらない。**到達したら次を見てしまう。筋トレによって培ったワンモアレップの精神が、良くも悪くも僕を満足できない体質、常に上を目指す体質に変えてしまいました。

フィル君の貪欲さには、僕も本当に良い刺激をもらってます。

――筋トレが音楽活動に与える影響についても教えてください。

マインドがポジティブになるので、単純に曲作ろうって気になりますよね。しかも、前向きな曲。筋トレ中にリリックが浮かんできたり、パンチラインが出たりしますね。

僕は体に痛いとこが多くなってきて、ジムに行けないときもあったけど、ちゃんと筋トレしてマインドを整えているとき、妥協せずに自分を追い込めているときの方が魂を込

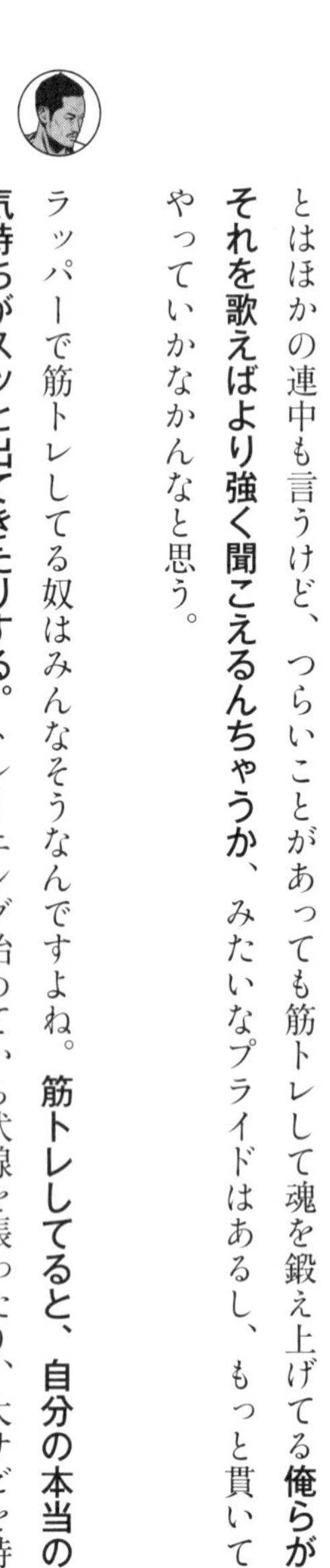

めたライブができていると感じますね。「強く生きよう」「前を向いて行け」みたいなことはほかの連中も言うけど、つらいことがあっても筋トレして魂を鍛え上げてる**俺らがそれを歌えばより強く聞こえるんちゃうか**、みたいなプライドはあるし、もっと貫いてやっていかなかんなと思う。

ラッパーで筋トレしてる奴はみんなそうなんですよね。**筋トレしてると、自分の本当の気持ちがスッと出てきたりする。**トレーニング始めてから伏線を張ったり、大サビを持ってきたりだとかの曲の構成力、爆発力みたいなものがついた気がする。トレーニングでいうウォームアップが伏線で、メインセットが大サビ。鍛え上げた瞬発力が爆発力に転換されるイメージでやってますけど、すげー音楽にポジティブな影響を与えてると思いますね。

僕は音楽活動ではなく140文字のツイート作ってるだけなんですけど、**基本全て筋トレ中に思い浮かんでますね。**スクワットつらい…もう無理…担ぐの怖い…。でもここで逃げたらダメだ。ってか今日の午後の商談、スクワットに比べたら楽勝じゃね？　相手しゃべるし。バーベルと違って俺を圧し潰さないし。みたいな。

——体を動かすと脳の働きが活性化するというのは有名な話なので、クリエイティブな仕事には良い影響がありそうですね！　筋トレ中に聞く音楽はどんなものがいいんですかね。

やっぱ激しいのが良いよね。ヒップホップはもちろんだし、ヘビメタ、ハードコアも合うね。良い曲であればいいわけじゃないんですよね。通勤中に聞く曲と、筋トレ中に聞く曲ってちゃうと思うんですよ。あと3回踏ん張るぞってときに優しい曲や甘い曲流されると**「もうええかな」**って優しくあきらめてしまう。

間違いないですね。夏にクリスマスソングを流しても響かないのと同じで、筋トレ中に優しくて甘い曲を流されると、気合が半減しちゃいますよね（笑）。

ジムのスタッフによって変わりますよね。有線のチャンネルのチョイスにセンスが出る。

うちのジムもなぜかテイラー・スイフトのアルバムを流す人とかいて。いや、テイラー・スイフトは偉大だし素晴らしいけれど、今ここじゃない、みたいな。

筋トレ中に聞く曲と言えば面白い話があって、120kg級のベンチプレス日本記録保持者で、木下進人さんという方がいらっしゃるんですね。ベンチプレス227・5kgの記録を持っていて、あだ名が「業務用冷蔵庫」とか「ハルク」っていう規格外の体格した超人なんですけど。あるとき木下さんと雑談していて、トレーニング中に聞く音楽の話になったんです。すると返ってきた答えが、まさかの**鬼束ちひろさんの『月光』**。心が落ち着いちゃうヤツだったんです。木下さんいわく、重たい重量を扱うときに重要なのはテンションを上げることではなく、集中力を極限まで高めること。『月光』を聞きながら、深い海の底に落ちていくイメージで極限まで集中力を高め、深みに入ってからベンチプレスするらしいです。この話聞いたときはメチャクチャ感動しましたよね。芸術家の域だなって。

ヤバい（笑）。**完全に向こう側の人だ。**リスペクト。

——筋トレ中に聞く曲についてはまだまだ研究の余地がありそうですね。

『IRON SPIRIT』一択ですよ！（声を揃えて）

――間違いないですね！　では、座談会はこの辺で終了します。ありがとうございました。

（シャカシャカシャカシャカ）一同一斉にプロテインシェイカーを振り出す

PROFILE

SHINGO★西成

（シンゴ・ニシナリ）

大阪市西成区出身のラッパー。昭和の香りが色濃く残る「ドヤ街」、西成の釜ヶ崎・三角公園近くの長屋で生まれ育つ。1990年代半ばよりライブ活動を開始し、2005年よりCDリリース。地元での平坦ではない生活をリアルな言葉と「間」を活かしたオリジナリティあふれるラップで表現し、大阪を代表するMCとして活躍中。音楽活動と並行し、西成WANや各種ボランティアなど地元への貢献活動も行う。

DJ FILLMORE

（ディージェー・フィルモア）

独学でDJを学びMIXTAPE『HOW TO GAME part.1』リリース。売上が1万本を超える。2013年発表のDVD／CDミックス『AZIAN MIX!! THA DVD!!』はオリコン・インディーズ・チャート1位獲得。また、フィットネス界では「SUMMER STYLE AWARD 2015, 2016」で2年連続総合優勝、「BEST BODY JAPAN 日本大会2015」準グランプリ、「2018 NABBA WFF KOREA GP FINAL Mr.SPORT MODEL TALL CLASS」で優勝。PRO選手として世界で活躍を見せている。

Young Hastle
(ヤング・ハッスル)

日本語ラップ界を代表する筋肉ラッパー。2010年、自身のトレードマークである"Vネック Tシャツ"についてひたすら歌った「V-NECK T」が大ヒットし、颯爽とシーンに登場。11年に発表した筋トレアンセム「Workout Remix feat. 般若 & SHINGO★西成」のPVが話題を呼び、17年には筋トレソング4曲を収録した「Gym Time The EP」をリリース。

Workout Remix

feat. 般若 & SHINGO★西成／Young Hastle

筋トレ前まずクレアチン　飲んで今日も始める一日
Bout to hit the gym 妥協一切無ししばくガチ
はたから見ればただのドM　昨日までの自分を超える
チンニングは自重　プラスぶら下げるウェイト20
デッドリフト　ベントオーバーロウ　シュラッグ　プーリー　Tバーロウ
限界まで体いじめて　でも欠かさず飲むBCAA
動機？もちろんギャルにもてたいだけ他に何がある？
オレ目指すのはsex symbol Let's get ready to rumble

Workout　Runも妥協しない　Workout　ツライけど　this is for the live
Workout　どう思われても気にしない　Showでは必ず脱ぎたい
Workout　終わってステーキ食いたい　Workout No fat 脂肪はキライ
Workout　やっぱりササミはヤバイ　筋はきれいに取りたい

かける負荷　ベンチの合間　Push up
そのままインクライン　ダンベルフライ　トライセップス　ディップス混ぜてTry
胸、胸、腕、腕、基本素手　自慢は固てえ豆さ　素で
ハンマーカール、般若Verse　西成　ハッスル　向かうステージ
Tバーロウ　デッドリフト　スクワット終わらせ　Next　スーパーセット

吹き出す汗　何故？　全ては己のステージの為
限界越えの腹筋6pac　目指した後　チ　チ　チ　チンニング
コレもオレのLive　控えで腕立てキメてたアイツ

Workout　真実はひとつだけ　Workout　筋肉はウソつかねえ
Workout　そう　全てのトレーニーにBig up　そして送るぜLove
Workout　ラスト1回　Workout　その先を知りたい
Workout　つま先までPump up Jump up Jump up Jump up　ステージでBounce up

ササミに赤身ビタミンにセサミン　津波みたいに来るでアドレナリン
ヘタにさわるとケガするRemember me　バーベル置くときふと見える女神
Hello!　from Ghetto baby!　1, 2, 3, 筋肉Babies!
リアルになりたい自分になる　限界きてあと3回意味ある
追い込め昼間に星がキラリ　King of どや顔したらごめんなさいSorry!
笑顔まで筋肉Homie!　夢の中でI-VANKOでブランコ
入れてる入れてる肩ヒジ入れてる　キレてるキレてる今夜もキレてる
一度切って筋肉も太くなる　これがRemixん〜くせになる

Workout　ガシャン×4　Workout　基礎をしっかりする
Workout　クソもしっかりする　バーテンダーよりシェイカーふる
Workout　反動使わない　Workout　こんなヤツ見たことない
Workout　Young HastleとSHINGOと般若　新陳代謝

第5章 痛みはご褒美

避けられないつらさを計算に入れておく

つらくてくじけそうな時は思い出せ。つらいってことは高みに到達しかかってる証拠だ。山だって上に行けば行くほどつらく険しくなる。人生も同じ。**つらくてもさらにもう一歩踏み出せる奴が成功する。**楽に成功できるんだったら皆やってる。何か成し遂げたいならつらさは避けられん。計算に入れとけ。ノーペインノーゲイン。

人はストレスに耐え抜くことで成長する

ストレスから逃げてばかりではダメだ。ストレスに真っ向からぶつかって乗り越える時期も、人生には必要。人も筋肉も同じ。**今のままでは耐えられないストレスに耐え抜くからこそ、適応しようと成長が始まるのだ。**つらくて苦しいときは成長のチャンス。筋トレでいう最後の追い込みだ。根性見せろ。やり抜け。

逆境は正面から叩き潰せ

逆境から逃げるな。希望を捨てるな、愚痴をこぼすな、正面から叩き潰せ。簡単にできることじゃない。普通の神経では耐えられないだろう。だからこそ、逆境を超えると他の人が見れない景色が見れる。辿り着けないレベルに達することができる。そう考えると逆境ってのはチャンスだ。**逆境のときこそ笑え。楽しめ。**

等価交換がこの世の原則

「できそうにない」「大変だから」って理由であきらめてたら、人生は楽しめない。等価交換がこの世の原則だ。**価値あるものを手に入れたければ、それ相応の対価を払え。**努力と、苦労する覚悟をしろ。簡単な理屈だ。誰でも通れる楽な道の先にお宝は眠ってない。誰も通ろうと思わない困難な道の先に、お宝は眠ってる。

ノーペイン ノーゲイン

※
こわれるまでやる　ついてこい
痛い　ちぎれそう　死ねるよ
家に帰って眠りてえ
そんで今日もやってるEveryday

当然　挑戦　No Pain, No Gain
OK行こうぜ　No Pain, No Gain
超えて行こうぜ　No Pain, No Gain
そうでもねえ　No Pain, No Gain

痛みは最初のうち　今となればソレが好き
仕方無いよ　それが武器　ジムに居るよ　朝の9時
仕事やってないんじゃない　違う　実はそうじゃない
コレも仕事なんだよ　もう1ミリがんばろう
EDMを流すな　HIP HOP流せや
太いビート　ヤバいリズム　今日はWu-Tangの気分
俺はThe Chef RAEKWON　今日のメニュー命じよう
バルク　パンプ　疲労感　削ぎ落とすよ体脂肪
やり抜く精神論　Made in「痛み」
結局オレが1番リアル　ケンドリックみたい

富士じゃなくエベレスト　日々テスト　登る高み
やり抜くこと諦めたら世界一のヒマ人

※

気がついたらヘンな身体　フツーの服入らない
去年買ったシャツ破れた　ガチでMr. DYNAMITE
フツーに通れたはずのドアにぶつかる
街中で後ろからでも知り合いに見つかる
ステロイド打たない　ソレはタダじゃ済まない
やるなら今しかねえって歌がイイ
たまに思う　こんな苦労　何の意味があんの？
だけどこの道の先にゼッテーあるよ　だから持つな　疑い
ガマン比べ　仕方無い　昼寝してるヒマは無い
汗をかいて女抱いて筋肉しまわない
マッチョ過ぎてウケる奴等　まるで肉の塊
終わる事は無い闘い

※

ATHLETE COLUMN 03

リーチ・マイケル

「神に誓うな、己に誓え」

『ニュージーランドにいたころに通っていた学校は、カトリック系だったので、神や祈ることについて多くを学びました。でも、僕は神に祈ることよりもハードワークを信じるべきだと感じ、ずっと疑問に思っていた。だから大学時代に友人からこの言葉を聞いて、すぐに一番好きな日本語のフレーズになったんです。神様にお願いするのではなくて、自分のことを信じて、自分で決めてやるのが一番。人生は自分の力で切り開くものだから』

15歳のとき、日本人の母親と英国人の父親を持つ親友のニコラス・イーリ（現・神戸製鋼）を追うようにして、札幌山の手高校にやってきた。来日当時、178㎝70㎏。細身の留学生は食べに食べ、鍛えに鍛えた。時にはチーム練習が終わった後、23時過ぎまでウエイトトレーニングをすることもあった。

『大盛りご飯2杯に400gのハンバーグを2つ食べたり、普通にご飯を食べたあとに、食パンを1斤食べたり、とにかく食べまくりました。ウエイトトレーニングも苦手だったし弱かったけど、頑張りました。ラグビーのトレーニングとウエイトを両方組み合わせてやることを常に意識してましたね。ニュージーランドでもラグビーをやっていたけど、僕は日本でうまく、そして強くなったんです』

高校を卒業するころには体重は100kgに達した。肉体的な成長とともに日本を代表する選手になっていったリーチは東海大に進学すると、2008年から日本代表入り。11年には生まれ育ったニュージーランドでのW杯にも出場を果たした。そして15年。主将として臨んだイングランドW杯で、日本代表は「ラグビー史上最大の番狂わせ」と称賛された南アフリカ戦の大金星を含め3勝を記録。大会に旋風を巻き起こす。その裏にはエディ・ジョーンズヘッドコーチの元で取り組んだフィジカルトレーニングがあった。選手たちの筋肉量は平均して3〜4kg増加。そして増えた筋肉はメンタルにも変革をもたらした。

『日本チームはラグビー界で一番ちっちゃい。鍛えてもまだ小さい（笑）。だからでか

い相手を倒す姿を見せたかった。日本人でもフィジカルを鍛えれば大きな外国人選手を倒せる、そんな姿を見せて日本中に勇気を与えたかった。フィジカルトレーニングというとフィジカル強化だけが注目されるけど、フィジカルを鍛えることは自信にもつながる。これぐらい挙げられた、ということが数値化して見えるので、自信になる選手もいる。もちろん、筋骨隆々になっていく体は視覚的な自信を与えてくれる。僕の場合は自分がやってきたことを信じる。あれだけのトレーニングをやってきたんだから、自分ならやり遂げられるだろうとね』

日本代表の大黒柱として戦ってきた体は満身創痍。長年タックルをくり返してきた肩が上がりづらいこともあり、ウエイトメニューはスクワット、デッドリフト、ハイクリーン、片足スクワットと下半身が中心だ。さらに、練習後は「己に誓う」という言葉通り、1日に一度、必ず自分と向き合う時間を持っている。

『引退した後の生活で、家族がやりたいこと、僕がやりたいことや、自分がこれまでに成し遂げたことについて考えることもある。でも一番考えるのは、もっといいラグビー選手になるには何をしたらいいかということ。もちろんよりよい父、よき夫になるには

リーチ・マイケル

1988年10月7日生まれ。ニュージーランド・クライストチャーチ出身。15歳で札幌山の手高校に留学すると東海大2年時に日本代表に初選出。卒業後は東芝入りし、2013年に日本国籍を取得。15年W杯では代表キャプテンを務めた。15年より「スーパーラグビー」チーフスに所属。18年からは日本を拠点とする同リーグのサンウルブスに加入した。

どうしたらいいのかってことも考えますけど、ラグビーを極めたいという気持ちはとても強いです』

あくなき向上心を持ち続けるリーチはW杯後、世界最高峰のリーグ「スーパーラグビー」に参戦し、強豪チーフスでレギュラーを奪取。現状に安住せず、「最高の場所でチャレンジし、課題を見つけ、それをモチベーションにトレーニングをする」というモットーを体現するような充実したパフォーマンスを見せた。そして今、その目は日本で開催される19年のW杯でのチャレンジに向いている。

『僕にとって挑戦は中毒のようなもの。だから決して満足できないし、もし満足してしまったら終わり。それこそ、運転手がいなくなった車のようになってしまうと思う。常に自分より優れた選手がいて、優れたチームがある。彼らに挑戦するのが好きなのです。たとえ不可能だという声が聞こえてきたとしても、もし挑戦しなかったら、すでに負けている。そして、挑戦の背景には強い目的意識が必要です。我々は何を証明したいのか？なぜ我々は自分たちより強い相手を倒したいと思っているのか？　精神的にも肉体的にも研ぎ澄まされていないといけない』

トークセッション⑤ Testosterone×般若

筋トレで人は痛みを楽しめるようになる

——ノーペインノーゲイン、つまり「痛みなくして成長なし」。ラグビーをはじめ、アスリートの間ではよく使われるフレーズですが、人生においてもノーペインノーゲインの原則は真理なのでしょうか？

そうですね。ノーペインノーゲインは筋トレの真理であり、人生の真理ですね。

この曲は結構気に入ってるんですよ。痛みなくして成長なしっていうのはみんな知ってる。でもつらいものはつらいじゃないですか。「痛いちぎれそう　死ねるよ」っていう歌詞があるけど、必死でトレーニングしてる奴には「あるある」というか。これ普通の人が聞いたら、苦しんでいる、とてもつらそうな絵が浮かぶと思うんですけど、**トレー**

ニングしてる奴らが読んだら、笑顔で筋トレしてる人の絵が浮かぶんですよね。「コイツ、筋トレ楽しんでんなー」「今一番いいとこだな〜」って。筋トレやってる奴らはね、痛みを楽しむマインドを持ってるんです。

僕は完全に「今トレーニング一番楽しんでるとこだな〜うらやましいな〜」と思って聞いてました。僕の中で仮説があって、**「痛みを楽しむ」って人間の防衛本能かな**と思うんですよね。成長には痛みが伴うんだけど、人間誰しも痛みなんて味わいたくない。でも、サバイブしていくためには絶対に成長が必要ですよね。**だからあえて脳が痛み=楽しいって錯覚させてくれてるんじゃないかと。**痛みを避け続けるということは成長を避け続けるということであり、文明が発達していない時代の人々にとってそれは死を意味しました。

おお深ぇ！

だからこの歌詞の「死ねるよ！」ってのを気持ちよく感じるのも、自己防衛システムによる錯覚だと思います。というか、そういう風に自分を教育していった方がいい。どう教育していくのか？ **はい、正解。筋トレです。** 痛みは楽しいものだと脳に錯覚させることにおいて、筋トレの右に出る行為はありません。筋トレをすると痛みの先に成長が待っているということが痛いほどわかります。頭ではなく細胞で理解できます。痛みを乗り越えた先にある成長を実感して初めて、脳は**「この痛み、一見嫌な奴に見えるけど実はいい奴なんじゃね？」**と錯覚を始めます。筋トレで脳をプログラミングするわけです。筋肉痛とか、その最たる例じゃないですかね。筋トレした翌日に筋肉痛が来ると「良いトレーニングできたな」「昨日は自分を追い込めたな」と思えて愛おしいですよね？ 痛いのに愛おしいって、わけわかんないですよね。**でも、愛おしいんだから仕方がない。**研究では、筋肉の成長において筋肉痛は必ずしも必要ではないってことはわかってるんですけど、それでも僕は筋肉痛を愛しています。付き合ってほしいぐらいです。

冷静に考えると、痛い＝楽しいっていうのはほんと思い込みっすよね。たまに我に返るという。

仕事だろうが創作だろうが、痛く苦しいときが成長のときと思えれば、そこでくじけて

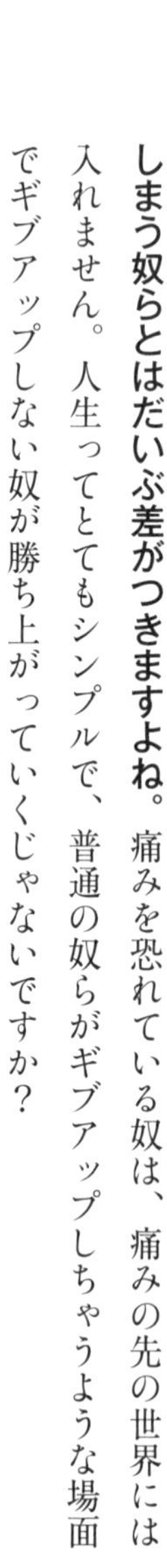

しまう奴らとはだいぶ差がつきますよね。痛みを恐れている奴は、痛みの先の世界には入れません。人生ってとてもシンプルで、普通の奴らがギブアップしちゃうような場面でギブアップしない奴が勝ち上がっていくじゃないですか？

間違いないっすね。自分の過去の経験から言えば、例えばアルバムを作っていて、苦しいときってあるんですよ。もうハマっちゃって進まないみたいな。スランプってやつですよね。でも、結局それを乗り越えてアルバムをリリースしますよね。そうしたら後で振り返った時、**超つらかったな、でもあのとき楽しかったな、と思えるようになっている**んですよ。評価が良いのも、そういう苦しみの中で生み出された作品だったりするから面白い。

僕は過去に経験した痛みに生かされてると思ってて、過去に超つらい経験をしておくと、今後の人生超イージーなんですよね。過去のつらさを超えてこない限りは人生でビビる必要がないわけですから。今も結構キツいけど、まああのときに比べたら楽勝でしょって。あれ乗り越えたんだから、こんなとこでくじけるはずがないでしょって。**感覚的には、ベンチ100kgが挙がってしまえば、90kgや80kgのバーベルなんて全く怖くあり**

ませんよね？ それと同じです。痛みは自分の中で生き続けます。

――「痛みは最初のうち　今となればソレが好き」と歌詞の中にもありますが、お二人は過去の痛みに感謝の念すら抱いているんですね…。

痛みや苦しみに感謝というよりも、痛みや苦しみを耐え抜いた過去の自分に対しての感謝と言った方が近いかもしれません。もちろんそのときは「なんでこんなにキツいんだよ、ふざけんなよ」って思ってるんですけど、痛みや苦しみに耐えた自分のおかげで、今の自分は過去の自分より少しタフに成長できているので。

そうっすね。必要のない痛みや苦しみは確実に存在するんですけど、**必要のある痛みや苦しみが存在するのもまた間違いない**と自分は感じます。

必要のない痛みや苦しみについて少し言及させていただきますと、世の中には良い痛みと、悪い痛みが存在します。良い痛みは成長につながりますが、悪い痛みはケガにつながります。例えば、パワハラにじっと耐えるとか、サービス残業をするだとか、そうい

う痛みは体に毒になるだけですので、あなたの意思で判断して拒否しなければいけません。かなえたい目標のためのハードワークであるとか、将来のスキルアップのための自己投資であるとか、そういう負荷は成長につながるので良い痛みです。良い痛みはビビらず、どんどん経験していきましょう。

——良い痛みを経験するには筋トレがうってつけということですね。ただ、一般の人から見ると、筋トレは自己満足ととらえられることも多いですよね。歌詞の中でも「仕事やってないんじゃない？」って聞かれてますが…。

これも仕事だと言い返す！　**俺本当にそう思ってるんすよ。**　ほかにも絶対いるっすよこういうやつ。自己満じゃん？　って彼女に言われても、これも仕事なんだよ！これも俺の生き方なんだ！　みたいな。だから**やり抜くことをあきらめたら世界一の暇人。**　これ絶対そうなんすよ。

——思わず納得してしまいそうです！

「筋トレも仕事のうちだ！」っていうのは僕も声を大にして叫び続けたいですね。筋トレによって体調管理をし、脳をフレッシュに保ち、ストレスマネジメントをし、時に無理できるぐらいの体力を作り上げ、ビジネスシーンでの迫力が増すような説得力のある体を作り上げる努力をしているわけですから**筋トレは仕事**ですよ。いや、もうハッキリ言って仕事より重要っすね。僕が忙しいって言うと親しい人から「お前昨日も今日も筋トレしとったやないかい！」ってツッコミが入るんですけど、筋トレは余暇にするアクティビティじゃないですから。筋トレはどれだけ忙しかろうと必ずしなければいけないアクティビティなので、**筋トレしてもなお余ってる時間が余暇**なんですよ。世間の皆さん、そこんとこよろしくお願いします。

わかるわー。痛いほどわかる。

話が脱線してしまいましたけど、どの道に進んでも、成長のために痛みを乗り越えないといけないときが必ず訪れます。筋トレで慣れておけば楽勝です。さて、最後に私たちから読者の皆さんに、苦しみが快楽に変わるおまじないをかけます。心して聞いてください。

お前はドM。お前はドM。お前はドM。お前はドM。お前はドM。

お前はドM。お前はドM。お前はドM。お前はドM。お前はドM。

お前はドM。お前はドM。お前はドM。お前はドM。お前はドM。

OSHIRI

天気良し　気分良し　尻が上がる女子
マジで凄く綺麗　足も長く見える　もし
やり過ぎって抜かしやがる馬鹿な奴が居たら
ソイツ捕まえ同じメニュー俺がやらせる
ジムでスパッツ女子を見ちゃう　それはイコール
HIPHOP的に言やぁ基本　ビギー2パック
上がるテンション　そしてテストステロン
俺も保証するよ　家で腐るよりもジムへLet's go
菜々緒だって鍛えてるよ　コレは常識
HALEO飲んでデットリフトすんげー調子良い
あのコ健康的で上がってるよ　お尻
肩も背中も良いバランス良いラインで超美人

第6章
自分の心に嘘をつくやつは勝てない

価値のない人間関係はさっさと捨てろ

「嫌われないかな？」と心配しなくちゃいけない人間関係なんかに価値はねえ。そんなもんあってもなくても一緒だ。**ささいなことで嫌われるぐらいなら最初から関わらない方がマシ。**そんな人間関係でストレス溜めたり、時間を無駄にしたりするぐらいなら筋トレしてた方が100倍良い。**ダンベルと筋肉は裏切らない。**

筋トレで達する無の境地

筋トレをするとさまざまな要因により自信がつき、強気になります。「裏切られないかな…」が「裏切ったら潰すぞ…」と攻めの姿勢に変わり、**最終的には無の境地「筋肉は裏切らない」に達します。**境地に達する頃にはダンベルと熱い友情が築けているので、人類に裏切られるか否かはさほど重要ではなくなります。

裏切られる側にも責任はある

「筋肉は裏切らない」と言うと「筋肉も裏切る！　筋トレやめるといなくなる」と言う人がいるんですけど、あなたは恋人のLINEを3カ月間既読無視し続けた結果、恋人にフラれたとして、裏切り行為を働いたのは恋人だとおっしゃるのですか！　言わないでしょう！　筋肉を裏切ったのはあなたですよ！　**筋肉に謝って！**

裏切りを気にしては いけない理由

裏切られても気にすんな。そんな奴は遅かれ早かれ裏切る。早い段階で裏切られた方がダメージは少ないんだからラッキーだと思っとけ。そんな奴は友人としてもいらないし、さっさと縁切って君の人生から消えてもらえ。裏切られた事も引きずるな。そんなカス野郎に、君の人生に悪影響を与えさせちゃダメだ。

裏切り

※
裏切られた？知らねえ×3
そんな奴は放っとけ
裏切られた？だから何？
俺はやるよ　変わらない
今日も明日も無駄な奴と一切俺関わらない

世間だ常識　枠の中にハメられてたまっか
俺の考えは皆理解出来ないって分かった
そう思ったら楽になった　あの日から変わった
後　裏切られたのは自分のせい　悔しいが分かった
もう何にも無え　ウダウダ悩んでる時間は無え
涙よりも汗を流しこの身体に刻んだぜ
言われんだソイツは裏切り者　日々地味1日プラス思考
NIKEで言えば俺AIR FORCE　ベラボーに光るぜ　さあ目立とう
最後に勝てば良い　要はこうだ「負けない」
お前はやれない　俺の事をやれない
裏切り知るかコラァ　やってみろよ？知るかコラァ
俺の目　見れねえアホが　敢えて言う調子はどうだ？
なあ学校の先生は教えてくれねー　だから俺は言う

強くなるってな裏切りとか悲しみを超えた分
自分の心に嘘ついた奴は最後にゃ勝てねえ
３６５日　俺は叫んでるぜ「前へ」

※

どいつもこいつも無駄なことばかり言いやがる
安っすい奴ほど他人の事をそこらでベラベラ言いたがる
究極論　俺は無言　黙っとけ　腰の抜けたうどん
挨拶だけはする　一応　コレは修行　ない日曜
ハナシを戻そう　裏切られた？　経験あるよ　腐りかけた
自分の心に話しかけた　過去はオレの事悲しませた
勝つイメージ　ウソでもいいから想像したよ　マンガみてえに
マイナスはオレをプラスにさせた　コレ以上　下は無いってだけさ
裏切るよりも　前からブった斬ってく　サムライ
攻撃されても化け物レベルで立ってるタフガイ
裏切った奴が最後に勝つって事などまずない
アイツめがけてひっくり返す　実家にあるちゃぶ台
放っとけ　所詮奴らポッと出
ポットで殴るよりも強い心持っとけ
俺の目ン玉はおかしーくれーに前しか見えない
裏切りより　金より　憎しみより　選んだ愛

トークセッション⑥ Testosterone×般若

裏切られたときのたった2つの思考法

——裏切りという重いテーマですが、曲を聴いていて、とても清々しい気持ちになれました！

これはシリアスな、なかなかガチな曲になりました。**みんなの悩みって結局人間関係に尽きる**んですよね。アイツに裏切られたとか、コイツはすぐに裏切るだとか。筋トレが足りてないっすよ。**人は裏切るけど筋肉は裏切らない**ですから。

「裏切り」というテーマってメチャクチャ難しいんですよね。リリックの中に「あと裏切られたのは自分のせい　悔しいが分かった」って箇所がありますけど、僕はここが大好きで。大前提として**人間は自分の利益を最大化しようとして動いてますよね。**関係がW

INーWINな限り、裏切りは起こらないわけです。裏切る動機がありませんから。裏切りが発生するのは、WINーLOSEの関係になったとき。ただ、WINーLOSEの関係になったときに相手が裏切ったとして、それは裏切りと呼べるのか？　って話です。裏切る側はLOSEになりたくないから裏切るわけですが、それって当然だと思いませんか？　WINーLOSEでも裏切るなと相手に強要することは、私のためにあなたは損を被ってよ、って相手にお願いしてるわけですよね。それで相手に断られて「裏切られた！」と嘆くのは違うんとちゃいます？　って話です。もうそれはひとえにWINーWINの関係を作れなかった自分の責任であって、WINーLOSEの状態でも相手に自分を助けさせようとするのは**親切、義理人情の搾取**です。

わかるわー。昔の若いときの自分だったら「裏切った野郎どもは全員地獄に落ちろ！」ぐらいの爽快なリリックにしてたと思うんですけど、年齢を重ねていろんなことを経験していくうちに、そんな単純な話でもねーなって気付いたんですね。でも、やっぱりせっかく筋トレしながら聞くんだから説教臭いのは抜きにして、爽快な曲にしたいじゃないですか？　さてどこまで言おうかなと思ったんですけど、「あと裏切られたのは自分のせい　悔しいがわかった」というリリックの中に全てを集約することができたかなと。

僕もいろいろ経験して、全部自分のせいと思う体質になった。

アイツに裏切られた！ って被害者面してても何も変わりませんしね。自分にも原因があったかな？ どうすればお互い気持ちの良い関係を維持できていたかな？ と考えていかないと。全部人のせいにできたら楽ですけど、自分の中にも原因を探っていかないと、結局また痛い目を見るのは自分ですから。

間違いありません。人間だけじゃないですか、過去にこだわるって。起きてしまったこと、やってしまったことは仕方ない。要は**昔より今はどうか、さらに先はどうなのか、これからどうしていくのかってことの方が本当に重要なんであって。で、僕は裏切られたことをいつまでもグチグチ言うよりも、何かを愛することに時間使いたいなって思うんです。**「裏切りより　金より　憎しみより　選んだ愛」。俺の中でかなりガチっす。「アイツめがけてひっくり返す実家にあるちゃぶ台」ってのも好きだけど（笑）。やっぱムカつく奴はムカつくんで！

おっしゃる通りで、マジでどうしようもない奴はいるんですよね。どれだけ深く考えて

も、どう考えてもアイツはクソ野郎だ。俺は完全に悪くない。アイツは完全に不義理を働いて俺を裏切りやがった！　アイツは地獄に堕ちてしかるべきだ！　みたいな。そこまでくると、今度はそんなクソ野郎のために自分が傷ついたり、怒ったりすることがバカらしくなる。アホに正論は通じないし、傷ついたり怒ったりしても自分が損するだけですから。

そうそう（笑）。いるんですよね。

極論、裏切られた！　って思ったときの思考パターンは2パターンだけでいいんですよ。

① 自分が悪かったと反省する

② ファックユーと相手に中指立てて、先に進む

この2パターンだけです。傷つく必要も怒る必要もありません。**反省orファックユーです。**どうです？　人間関係なんて楽勝でしょう。

間違いない。**まあひどい奴はいましたよ。**記憶から消し去りたいんだけど、俺は性格がゆがんでるからどうしても思い出しちゃうんです。そんなときは自分に言い聞かせます。自分の心に嘘ついた奴は最後には勝てねぇって。本当にそう思ってるし、そう思いたいんですよね。

間違いないっすね。自分の心に嘘ついて不義理を働くような美学のない奴らは、どっかで気が付いて反省しないとクソみたいな人生を送りますよ。本当は熱心にそれを相手に伝えてあげるべきなんですけど、僕もまだそこまで人間ができていないので、無視という選択をとってしまいます。「もうお前いいよ」で終わっちゃう。**その瞬間は裏切ることによって得しても、長期的に見るとそいつの人生終わってますから。**かわいそうだなと同情心すら湧いてきます。

まあそうなんですよね。1回裏切ったらそういうやつは絶対繰り返すし。その辺は「俺の目見れねぇアホが　敢えて言う調子はどうだ？」というリリックに込めました。俺の目見れないでしょ？　俺は調子いいけどお前はどう？　って。自分は義理人情と美学もってやってるんで、真っ直ぐに相手の目を見て話せるぞって。裏切られないことよりも、

自分は人を裏切らないっていう美学を貫く方が100倍大切なんすよ。相手に裏切られるとか裏切られないとかはコントロールできないんで。

間違いなさすぎますね。まあ、人は裏切るかもしれません。が、筋肉とダンベルは裏切りません。**自分が自分を裏切らない限り、ジムに行けば最高のトレーニングができるし、筋肉は成長します。**

筋トレしましょう!

筋トレ直後の気分向上効果を最大限に得るための方法

早稲田大学大学院スポーツ科学研究科・久保孝史

運動後に気分がスッキリする、という現象は、ほとんどの人が味わったことがあると思います。ですが、なぜそうなるのか、という仕組みについてはまだわかっていないことが多く、そのメカニズムをはっきり断言することはできません。しかも、「気分」が「スッキリ」というのはとても感覚的な言葉ですので、研究上では「質問紙」という方法を使って、いろいろな感情の種類（怒り、敵意、焦燥感など）をスケール化して調査するものが多いようです。

筋トレによって気分を向上させるには最大挙上重量（1RM）がカギになります。1RMというのは【one repetition maximum】の略で、1RMならバーベル、もしくはマシンを1回持ち上げるのが限界、という重さを指します。Greeneら（2015）の研究によると、10RM（10回持ち上げるのが限界、という重量）の70％の重さでトレーニングを行う場合と、100％の重さで行う場合では、緊張および焦燥感は100％でトレーニングを行った場合の方が増加し、**「悦び」の感情は70％でトレーニングを行った時の方が増加する**ことが明らかになっています。さらに、筋トレ経験の有無によっても、効果には差が出ます。筋トレを始めたばかりの人は、**1RMの50％〜70％で筋トレを行うこと**によって気分向上効果が得られる一方で、競技会やコンテストに出ている上級者は、50〜70％の重さではなく、より自分の限界に迫るような重量でトレーニングする方が気分向上効果につながるとされています。気分の向上を狙うなら、**初心者は無理のない、ほどほどの重さで、中上級者はガンガン限界に挑戦していく、**という方向性が良いようです。私はかなり長期間にわたって筋トレに取り組んでいますが、確かに、普段挙がらないような重量を持ち上げることができたときはなんとも言えない高揚感があります。

以上の研究を踏まえ、筋トレで気分をスッキリさせるにはまず自分の最大挙上重量を知りましょう！　と言いたいところなのですが、筋トレに初めて取り組む人は、いわゆる「マックステスト（1RMテスト）」を受けさせられることに対して不満を持ちやすく、結果として筋トレに対してネガティブな印象を持ってしまうことが多いということが指摘されています。マックステストはとてもキツいので、その印象を筋トレにも投影してしまうのでしょう。なので、周りにこれから筋トレを始めたい、という人がいるならば、その人に筋力テストなどの無理強いをせず、自分のペースで、のびのびとやらせてあげましょう。筋トレの入門にはダンベルやバーベルを使ったフリーウエイトではなく、マシンで行うトレーニングが最適であるとされています。

気分向上を目的とする場合、トレーニングを行う順番についても従来とは違ったパターンが有効だ、という研究もあります。筋肥大や競技力の向上などを目的とした筋トレでは大きな筋肉から小さな筋肉へ、つまり「大筋群から先にやって小筋群はその後に」という順番が常識とされていますが、さまざまな文献を総合すると、気分向上を目的とするならば、**小筋群を先に行い、最後に大筋群を行うと効果的であることが明らかになっています。また、自分の一番好きな種目を最後に行うことや、インターバル（休息時間）を約90秒から150秒の間にすること、実施者がちょうどいいと感じるテンポで反復運動を行うこと**も気分向上のポイントになるようです。

久保孝史（くぼ・たかふみ）
１９９０年生まれ。大学施設のトレーナー、ラグビー部のＳ＆Ｃコーチを経て、現在は都内の大学バスケットボール部Ｓ＆Ｃコーチ。早稲田大学大学院スポーツ科学研究科博士後期課程に在学中。保有資格はスポーツ科学修士、認定ストレングス＆コンディショニングスペシャリスト（ＣＳＣＳ）。

参考文献

Arent, S. M., Landers, D. M., Matt, K. S., & Etnier, J. L. (2005). Dose-Response and mechanistic issues in the resistance training and affect relationship. Journal of Sport and Exercise Psychology, 27(1), 92–110.＼Bibeau, W. S., Moore, J. B., Mitchell, N. G., Vargas-Tonsing, T., & Bartholomew, J. B. (2010). Effects of acute resistance training of different intensities and rest periods on anxiety and affect. Journal of Strength and Conditioning Research, 24(8), 2184–2191.＼Greene, D. R., & Petruzzello, S. J. (2015). More isn't necessarily better: Examining the intensity–affect–enjoyment relationship in the context of resistance exercise. Sport, Exercise, and Performance Psychology, 4(2), 75–87.＼Bixby, W. R., & Lochbaum, M. R. (2006). Affect responses to acute bouts of aerobic exercise in fit and unfit participants: An examination of opponent-process theory. Journal of Sport Behavior, 29(2), 111–125.＼Ekkekakis, P., Hall, E. E., & Petruzzello, S. J. (2004). Practical markers of the transition from aerobic to anaerobic metabolism during exercise: Rationale and a case for affect-based exercise prescription. Preventive Medicine, 38(2), 149–159.＼Ekkekakis, P., Lind, E., & Vazou, S. (2010). Affective responses to increasing levels of exercise intensity in normal-weight, overweight, and obese middle-aged women. Obesity (Silver Spring, Md.), 18(1), 79–85.＼Bellezza, P. A., Hall, E. E., Miller, P. C., & Bixby, W. R. (2009). The influence of exercise order on blood lactate perceptual, and affective responses. Journal of Strength and Conditioning Research, 22(6), 1–6.＼Hargreaves, E. A., & Stych, K. (2013). Exploring the peak and end rule of past affective episodes within the exercise context. Psychology of Sport and Exercise, 14(2), 169–178.＼Kahneman, D., Fredrickson, B. L., Schreiber, C. A., & Redelmeier, D. A. (1993). When more pain is preferred to less: Adding a better end. Psychological Science, 4(6), 401–405.＼Bibeau, W. S., Moore, J. B., Mitchell, N. G., Vargas-Tonsing, T., & Bartholomew, J. B. (2010). Effects of acute resistance training of different intensities and rest periods on anxiety and affect. Journal of Strength and Conditioning Research, 24(8), 2184–2191.

第7章 自分の人生に集中しろ

百の敵より一の仲間を大切にする

嫌われることに慣れろ。ポジション取れば100％嫌われる。誰だって嫌われたくはないが、避けられないんだから嫌われたくないと思うこと自体無駄だ。**気にせずポジションを取れ。**ポジションを取らなければ嫌われもしないが、好かれもしない。敵もできないが仲間もできない。人生で大切なのは百の敵より一の仲間だ。

嫌われてもノープロブレム

嫌われることを恐れるな。嫌われること自体は恐れるべきことじゃない。大切な人に嫌われることが問題であり、恐れるべきことなんだ。どうでもいい人、関わりのない人に嫌われたってノーダメージだよ。「誰にも嫌われたくない」から「大切な人には嫌われたくない」に思考を変えろ。それだけで人生は随分と楽になる。

制御できないことを心配しても無意味

これが起きたらどうしよう？　あの人はどう思うかな？　これやったら嫌われるかな？　**こういう心配全部無駄。いらない。**大切なのは自分がどうするかだけ。そこ以外制御できないし心配しても無意味だ。やりたいようにやれ。結果は気にすんな。どうせ思い通りにはいかん。**思い通りになるのは己の行動と筋肉のみ。**

人生の主役は誰か

他人の目を気にして生きるな。何やっても文句言う奴は必ずいる。いちいち気にしてたら一生心に平穏が訪れない。**君が唯一気にすべき点は自分が満足してるか否かだけだ。**しょせん全ては自己満足だ。誰が何と言おうと、君の人生の主役は君だ。主役は脇役に人生左右されないもんだ。主役らしく堂々と生きろよな。

Hate me now

※
嫌うなら嫌いやがれ　オレは何も気にしない×3
他人の為にやってねー　そんな日々　My Life

アイツがオレを見てる　だから何だバカヤロー
アイツがオレを見て笑いやがるよ　黙らそう
わかった　逆にこうだ　アイツ等は可哀想
他人の事ばかり気にして　見つけれてねー　宝モン
20年30年すりゃ　みんな死ぬかもな
じゃ　自分の目の前の事に集中だよな
エイ　だって本当時間無え
それを何故か他人のせいにする時間すらも無え
だってコレはレース
右も左も無い　真っ直ぐ進むLife
細けえ事気にすんな　イケてる君の肉体
後は絶対折れないハート　一瞬のひらめき　発想　直感は大事
ハードな道なれど未知　未だ未知　楽な道かいばら道
答えは聞かない　お前は知らない
だってオレもキョーミ無え　気にすんじゃねえ
Homeなんて無え　いつだってAway

※

変人　キ●ガイ　変態扱いされた日々にありがとうって言いたい

だけどオレは小さい　だから俺は実際
何も見えなくなるくらい　だから俺は小さいって
時として　人として狂ってる　ありがとう
懺悔の時間はハイ終わり　始まろうよ
人でなしでいい　何とでも言えばいい
ソコに俺はもういない　今いる場所が未来
本当　他人の誹謗中傷　そんなモンはうんこ
聞き流して汗を流し　見返す　１分後
自分の目の前の人生に集中しよう
それ以外やることなんて無いんだからもう充分っしょ？
オイ　ヘイター　かかって来い　お前以上に嫌われてやる
半パなテメーと違って行くトコまで行くからオレ　クソリアル
嫌われ過ぎて　もう好かれてる　そんなレベル
ネットなんて疲れるから10時に寝てる
そんでリカバリーしてまた良い夢を見て
朝日を浴びて　ヒュー・ジャックマンみてえ
ウルヴァリン？　それか素晴らしいショー起こすか？
届くさ　君の気持ち強くあれば
嫌われたからって　だから何？　お宝探しに出るアドレナリン
誰も成し遂げてないことやるから　静かにしてたら　やる後でサイン
他人の目なんて別に気にしなきゃイイ
競争社会においてそうはいかない
迷ったときは夜風でもあたり
自分の本当の声を聞いときゃイイ　Free!

※

ATHLETE COLUMN 04

木村〝フィリップ〟ミノル

「俺は俺の人生を生きている」

『あの頃は嫌われに行っていました。ヘイトだろうとなんだろうと、とにかく注目を集めようと心掛けていました。注目されればされるほど、キャラクターが目立てば目立つほど、木村ミノルというブランドが確立できますし、試合にストーリーが生まれ、より多くのお客さんの感情を揺さぶれるので』

デビューから数年間、木村ミノルはあえてヒールを演じていた。記者会見や試合後のマイクでは、時に行き過ぎとも思える挑発的な言葉を連発し、物議を醸した。

「この試合はプレゼント、観光気分です。楽しく名古屋を堪能します」（2014年8月、富平禎仁戦前の記者会見）

「一発でひっくり返せると思うとワクワクしますね。やっぱ持ってるな～って」（15年

1月、ゲーオ・ウィラサクレック戦前）

「彼は新生K-1に必要ない。地獄を見せて全部完封します。心が折れる瞬間をみんなに見せますよ、わかりやすく」（15年4月、HIROYA戦前のVTR）

同時に、リングでは不敵な言動に負けないぐらい、インパクトのあるファイトを展開した。2015年1月には当時65kg級最強と目されたゲーオ・ウィラサクレックからダウンを奪い、番狂わせの判定勝利。さらにHIROYA、平本蓮らに連勝して一気にK-1戦線の中心に駆け上がっていった。試合がテレビ放映された際には、〝狂気のビッグマウスK〟というキャッチフレーズをつけられたこともある。

『必死でした。名前もまったくない状態からお利口ちゃんでスタートしたら、何万人ものうちのひとりになってしまう。1試合で数十億円を稼ぐアメリカのボクシングは罵りあいから始まりますよね？　試合で勝つ自信があったからこそ、絶対的な強さで魅力をアピールできると思ったからこそ、嫌われてもいいと思っていました』

しかし、飛ぶ鳥を落とす勢いだった木村をスランプが襲う。ゲーオとのリターンマッチに敗れると、総合格闘技（ＭＭＡ）初挑戦となった16年9月のＲＩＺＩＮではチャールズ〝クレイジー・ホース〟ベネットに1Ｒ7秒でＫＯ負け。リベンジを期した大晦日の再戦はベネットのビザが下りずに中止になってしまう。本業のキックボクシングに戻ってからも、伏兵に逆転ＫＯ負けを喫するなど、一度狂った歯車はなかなか元に戻らなかった。

『勝負は時の運だけど、時の運をずっと味方に付ける人もいる。だからそれを言い訳にはできないし、負けるには負けるなりの原因がある。でも、僕はポジティブだから、スランプになったときも、これはおかしいことだ、ととらえていました。木村ミノルがこんなところで終わるわけがないだろうと。受け入れてやるもんか、と思っていました』

「木村ミノルは口だけ」「木村は弱い」——。ビッグマウスだった反動もあり、勝てなくなった木村にファンの声は厳しかった。ただ、ネット上にあふれる誹謗中傷は気にならなかったという。

『負けが続いたときに、人が離れていく感覚があったのは事実です。でも、すごく気に

木村"フィリップ"ミノル

（きむら・フィリップ・ミノル）

1993年9月9日、ブラジル・パラナ州クリチーバ出身の25歳。日系ブラジル人の母とイタリア系ブラジル人の父を持ち、3歳で日本に移住。10歳でキックボクシングを始めると、2010年9月にプロデビュー。Krushを主戦場としつつ、K-1、RIZINなどのリングにも積極的に参戦。18年8月、Krush後楽園大会で塚越仁志を1RKOし、Krushウエルター級王者を獲得した。五反田チームキングス所属。

するタイプに見えるかもしれないけど、実は人から何を言われてもあまり気にしないタイプなんです。人間は毎日考えが変わる生き物。僕のことを嫌いと言ったり、書き込んだりしている人も次の日には忘れている。それなのに、その人のその瞬間の感情で言われたことを真に受けて2、3日落ち込んでたらバカバカしいですよ。その人にとってはその何秒かの間の感覚なんだから、その発言のせいで、僕が1時間でも悩んだら負けだと思います』

雑音をシャットアウトした木村は、いつか流れが変わることを信じて、自分自身に集中した。

『スランプのときに支えになったのは見返してやるぞ、っていう思いではなくて、勝って流れを取り戻している自分であり、ベルトを持っている未来の自分の姿でした。それを強く強く想像していました。やるべき行動を淡々とやっていればまたチャンスは来るだろうと。理想の自分の実現のために、俺は絶対に歩みをやめねぇぞと』

ジムを移籍して心機一転し、ひたすら己と向き合った。練習は1日1時間。だが「この1時間は世界の誰と比べても負けてない」というぐらい濃密な時間を積み重ねた。

『勝てなかった時期は自分で気持ちを上げてやっているつもりでも、何をやってもうまくいかない。どのピースが欠けているんだろうと思っていたけど、今思うと遠い目標を見過ぎていた。「UFCで勝つ」「海外でチャンピオンになる」みたいに夢は大きかったけど、具体的なプランはなし。今の自分が見たらちょっと恥ずかしいぐらいです。今はもっと近い、達成可能な目標にフォーカスしています。「ジムワークで全力を出し切る」「次の試合に絶対勝つ」。そういう近い目標を確実に達成できるよう、日々全力です。デカい夢を持つのもいいけど、本当に大切なのは小さな目標を一つ一つ確実に達成していくことなんです』

沈黙を守り、じっくりと牙を磨いた木村。ついにトンネルを抜けるときがやってきた。17年11月、さいたまスーパーアリーナで城戸康裕を下すと、18年に入って連続KO勝ち。5年ぶりとなるタイトルマッチのチャンスをつかむと、塚越仁志を1RでKOし、怒涛の4連勝で自身初となるベルトを巻いた。

『何年ものスランプを味わって、毎日毎日沈黙を続けてきて、その結果今の自分がある。いろんな時期があったことを恨んでもいない。人生には僕ら人間にはわからない「ゴッドプラン」があると思っているんです。だから、全ての出来事は成長するために人生から送られてくるチャプター。もし今全部がダメになって、全ての試合が中止になって、活躍の場がなくなってしまったとしても、それには意味がある。これだけつらいことを課せられたからにはものすごい見返りがあるに違いない、と考えます。何が起こっても、僕はプラスに変えてやりますよ』

ベルトを獲得したリング上では交際していた女性に公開プロポーズ。悲願の王座とともに、人生の伴侶を得た。マイクでは「塚越選手という偉大な選手をＫＯできてうれしい。みんなの熱い声のおかげであきらめずにベルトをつかむことができました」と感謝の言葉を述べた。「大人になった」ように見える木村だが、実は胸に秘めていることがある。

『俺は俺の人生を生きているし、嫌われても関係ないと今でも思っています。だからあれ（ビッグマウス）をやらなくなったのは嫌われたくないからではなくて、負けているときにやると安くなってしまうから。もっと上のレベルでチャンピオンになって、トップになったらまた吠えてやろうと思っていますよ。「木村ミノルはコントロールできねぇ男だ」って思われたいんですよ』

トークセッション⑦ Testosterone×般若×木村ミノル

嫌いたければ嫌えばいい

――この章ではキックボクサーの木村ミノル選手にも参加していただきます。木村さんはヒップホップの大ファンでもあって、試合のときにラッパーのMC TYSONさんのライブパフォーマンスと共にリングインしたり、ヒップホップに関する連載（Abemaヒップホップ『木村〝フィリップ〟ミノルのdopeなラップトーク』）も持っていたりするんですよね？

木村ミノル　はい、昔から大好きで、自分で勝手に「**俺はヒップホップの格闘技部門だ**」と言っています。僕はすごい孤独な環境で格闘技をやってきたし、生活も豊かではなかった。そういう孤独な環境にいる格闘家を支えるのはヒップホップの曲であり、ラッパーの皆さんだと本気で思っているんですよ。今ヒップホップはブームみたいにとらえら

れているところもあると思うんですけど、僕は昔からずっとヒップホップに支えられてやってきました。般若さんをはじめとする行動にも言葉にも説得力があるラッパーの方々はやっぱりカッコいいですよ。

ヒップホップには不良の音楽というイメージがあるけど、元をたどっていくと、虐げられ、社会的に不利な立場にあった人たちや、社会とうまくなじめない人たちの魂の叫びから生まれたカルチャーという側面もある。なので、ミノル君も言うように**孤独な環境の人や、心のどこかに苦しみを抱えている人たちにこそ、一番聞いてほしい音楽**なんですよね。僕も太っていてパッとしなかった学生時代（高2のとき110kgあった）や、単身アメリカに渡ってつらかった時期など、何度もヒップホップに支えてもらいました。

2人にそう言ってもらえて、俺だけじゃなくてラッパーみんなが「ありがとう」ってなってると思う。俺自身もノリ重視のラッパーを否定するわけじゃないけど、そうじゃない部分、伝える部分、みたいなところは突き詰めていきたいとは思ってますね。

『Hate me now』を聞いていても思ったのですが、**般若さんの曲には憂鬱な気持**

ちとか、弱気な感情とかを打ち消してくれる一流のメンタルトレーナーみたいな力がある。この曲の中でも「Ｈｏｍｅなんて無ぇ　いつだってＡｗａｙ　ヘイターかかって来い お前以上に嫌われてやる！　半パなテメーと違って行くトコまで行くからオレクソリアル！」というバースは、マジで食らいました。

俺が好きなのは、「ネットなんて疲れるから10時に寝てる　そんでリカバリーして　またいい夢見て　朝日を浴びて」ってとこ。誰かに嫌われてるんじゃないかとか気にしだすとキリがないんで、10時にはスマホの電源切って寝て、明日に備えるんすよ。寝不足だと気合の入ったトレーニングもできないし。俺もいろんなこと経験してきましたけど、夜はスマホオフにして何も考えずに寝る。間違いなくこれが正解っす。

間違いないですね。ネットで炎上してようがなんだろうが、**スマホ切ったら何人たりとも自分に触れることはできませんから無敵です。**Ｔｗｉｔｔｅｒやブログの発言が炎上したとか、思った以上に反対意見があったとかですごい気にしちゃう人が多いんですけど、スマホオフにすればいいんですよ。そんな状態でも気になってスマホいじってＳＮＳやブログ確認しちゃうとか、**メッチャ熱い鍋のふた持ってて早く離さないとヤケドす**

るってわかってるのに、離さないのと一緒ですよ。そりゃあ、ヤケドどんどんひどくなりますよ。

――嫌われると言えば、昔の木村選手はわざと嫌われに行ってるのかと思わせるようなビッグマウスのヒールキャラでしたよね？ （P172〜173参照）

そうそう！　日本にメイウェザー級（フロイド・メイウェザー・ジュニア。ボクシング史上初となる無敗での5階級制覇を達成）のトラッシュトークを繰り広げる選手がいる！って当時俺すげービックリして。しかもつえー！　これは応援しないと！　って思った記憶があるなぁ。日本の格闘技界にはあまりいないタイプだったじゃない？　あれは試合を盛り上げるためにわざと嫌われに行ってたの？

発言だけじゃなくて、記者会見で対戦相手の写真を破ったり、挑発的なポーズをとったり、結構派手にやってましたね。当時は若かったので実際に生意気だった部分もありますし、戦略でもありました。無名の僕がいかに名前を上げるのかと考えたときに、もちろん第一にこだわるべきは試合内容です。相手を圧倒して勝つ。そしてもう一つが試合までにいかにストーリーを作り上げるか、いかにして木村ミノルというキャラクターを作り上げるかということでした。その結果が、あれです（笑）。

正しい戦略だと思うよ。コナー・マクレガー（史上初のUFC2階級同時王者）なんて強いのはもちろんだけど、それ以上にストーリーとキャラクターでMMAという競技を一気にメインストリームに押し上げちゃったもんね。見事な舌戦を繰り広げて、世界で一番稼ぐボクサーのメイウェザーまで引っ張り出した。その年の年俸100億超えだもんね。

メイウェザーもマクレガーもマジで大好きっす。**当時の僕が一番恐れていたのは嫌われることではなく、気にもしてもらえないことでした。**嫌われるってことはちゃんと見てもらえてるってことなんですよ。で、僕は見てもらえている限りは自分の試合や生き様でその人たちを魅了して、ファンになってもらう自信があったんです。嫌われもしないが、気にもされないじゃあお手上げです。嫌われてるってことは見てもらえてるってことなんで、嫌われてもそんなに落ち込むことないっす！

あの頃はあの頃で、木村ミノルが木村ミノルの仕事をしたっていうことなんだよね。俺はすげー好きだった。

ミノル君、ビッグマウスだった時代にしばらく勝てない時期があったじゃないですか？　超スランプの期間。ビッグマウスって注目を集められる一方でヘイトもたくさん集めてしまうので、調子が悪くなると精神的にかなりキツイと思う。ミノル君はそんな時期を乗り越えた上で、圧倒的な強さでベルトを巻いたので、マジで精神力の強さが尋常じゃないなって。

勝てない時期は苦しかったけど、それを恨んではいないし、むしろありがたいことだったと思ってます。あの時期があったからこそ、試行錯誤して今の僕がある。**トレーニングと同じで、どんなつらいことも成長するために神様が与えてくれた試練だと思ってゲーム感覚でこなしていくんです。**つらいことを乗り越えたら、僕は確実に強くなれるじゃないですか。試練があるってありがたいことですよ。

苦しいこともいずれ終わりが来るということがわからなくて、全てを重く受け止めてし

まう人もいる。そのマインドを持っているかどうかは大きいですよね。乗り越えた先を見れば、成長が待ってるはず。

ミノル君を見ていると、ロッキー・バルボアの有名なセリフを思い出しますよ。皆さん、このセリフ最高なんで今日はこれだけでも覚えて帰ってください。

But it（LIFE） ain't about how hard you hit. It's about how hard you can get hit and keep moving forward; how much you can take and keep moving forward. That's how winning is done!

（人生においてどれだけ強くパンチを打てるかは大切じゃない。人生において大切なのはどれだけ強いパンチに耐えられるのか、そして強いパンチを何発食らおうと前に進み続けられるのかだ。勝利とはそうやってつかむものだ）

ありがとうございます！

――木村さんは『Hate me now』を体現されてますけど、Testosterone

さんと般若さんは「嫌われたくない」とか考えたりするんですか？

そりゃあ嫌われるよりは好かれたいですよね。自分からわざと嫌われに行くってこともないです。でも、たとえ嫌われようと絶対に曲げられない自分の美学や価値観があるわけです。嫌われたくないと思うのは自然な感情なんでいいんですよ。嫌われないように最大限の配慮をするのも良いことです。でも、嫌われたくないという感情が強すぎて自分の美学や価値観を曲げちゃうのは違うんじゃないのって思うわけです。嫌われたくないと思って自分の美学や価値観を曲げると、最も嫌われてはいけない人間に嫌われることになるんです。**それは自分です。**自分で自分を嫌いになるのは、はっきり言って誰に嫌われるよりもキツいですよ。他人とは一時の付き合いでも、自分とは一生の付き合いですから。

難しい問題ですよね。でも、Testosterone君の言うように**他人の評価を考えすぎて自分のやりたいことをやれないってのは違うよね。**僕は僕の道を行くしかない。ここは譲れないんだよっていうところもあるし。**僕が一番言いたいのは自分の目の前の人生に集中しようよ、ってことですね。**

好かれる嫌われるみたいなところに必要以上にとらわれちゃダメなんですよね。**1年後にもう一度集まって話し合ったら、多分全員が違うことを言うと思うんですよ。**生きていると人の価値観はどんどん変化しますから。それでいいんです。変わらないってことはアップデートされてないってことなんで。変わらない方が問題です。好き嫌いって気持ちも同じです。変化します。だから、他人の一時の嫌いっていう感情にいちいち振り回される必要なんてこれっぽっちもないんです。

あくまでも自分を軸に考えられるかってことなんですよね。好かれる嫌われるは他人の問題であって、僕の問題じゃない。曲の中でも言ってますけど、人生に迷った時は、夜風にでも当たって、自分の本当の声を聞いときゃいいんですよ。答えはいつだって自分の心の中にありますから。誰に相談する必要もありません。

……。

――Testosteroneさん、顔色があまりよくありませんが大丈夫ですか？

昨日のツイートにメッチャ反対意見や批判が来てて…。なんで意見の食い違いの一つや二つで「アイツ嫌いになった」とか「ガッカリした」とか言われなくちゃいけないんですか！

さっき鍋のふたがどうとか偉そうに語ってたじゃないですか！

嫌われたくないし、ツイート消そうかな…。

嫌われても曲げられない美学どこ行ったおい！

ちょっと夜風に当たってきます！

なぜヒップホップのメッセージは胸を打つのか ～1万分の1の奇跡がもたらす効果

慶應義塾大学言語文化研究所准教授・川原繁人

ラップを構成する重要な要素の一つに、複数の単語の母音（と多くの場合「ん」）を合わせていく押韻（ライミング）があります。日本語は母音が5つしかなく、「です」「ます」「である」など文末のバリエーションも少ないため、かつては「日本語は韻に向いていない」と言われていた時期がありました。ところが、日本のラップの黎明期を支えてきたラッパーたちが、倒置法や体言止めを活用する技法を用い始めたことによって、さまざまな単語で韻を踏むことができるようになりました。英語の伝統的な韻では最後の母音（と子音）だけを合わせることが基本的なルールとなっていますが、日本語ラップの韻は母音を最低2個合わせるのが基本です。ただし、合わせる母音の数には上限がなく、多ければ3～5個踏むことも普通になりました（R－指定さんが即興で踏んだ「**紀州南高梅**」「おれの先輩**23個上**」［i uu a n oo u e］というラインは8拍踏んでいます！）。

つまり、**日本語ラップが発展していくにつれ、日本語の押韻も進化していった**という側面があるのです。ヒップホップシーンの重鎮であるZEEBRAさんはライミングについて

「韻とは単語と単語の運命的出会いである」

と表現しています。これはどういうことか、言語学的に考えてみましょう。例えば、3個の母音を2小節で合わせようとすると、偶然に合う確率は5分の1の三乗で、125分の1。3小節ならこのさらに2分の1で250分の1。これは偶然では決して起きない現象です。一般化すると、n個の母音でm小節回、韻を踏む確率は（1／5）のn乗×（1／(m－1)）となります。ラップは言語学的に考えても確率論的に考えても、とても緻密なメカニズムに基づいた、スキルフルな音楽なのです。

次に引用するのはこの本に収録されている『黙ってやれ』の一節です。

義務**教育（①）**よりも大事なジムに**今日行く（②）**

自分に負けない　**上質**（③）な**法律**（④）
大人になった挙句　更にもっと**大きく**（⑤）なりたい　筋肉馬鹿共　**どう気分**（⑥）？
この1分1秒には無え**申し分**（⑦）と思った瞬間からやる気が**生じる**（⑧）
家を出るぞ　走る速度引っ掛かる**オービス**（⑨）

俺を殺す気？　なら話は**応じる**（⑩）が
法律（⑪）？　**ショウビズ**（⑫）？　全て大事　分かるが
今からいかに**効率**（⑬）良く**濃密**（⑭）な時間を過ごす為
少しだけ**向こう見ず**（⑮）になるが　**4シーズン**（⑯）
日が昇り　日が沈む迄

太字部分の16か所は全て［o o i u］の母音で韻を踏んでいます。先ほどの計算式に当てはめると9375分の1ですから、簡単に言えば、**般若さんはこのリリックで1万分の1の奇跡を起こしている。**

また、韻がつなぎ役を果たすことによって、本来なら、決して出会うことのない単語同士が結びつくという現象も起きます。

究極論　俺は**無言**　黙っとけ腰の抜けた**うどん**　［u o n］

こちらも本書に収録されている『裏切り』のラインです。普通に考えていたら、「究極論」という単語と「うどん」という単語が同じ文脈で使われることはほぼないと思います。「この単語とこの単語が、まさか母音が一致しているなんて思わなかった！」という驚きは一種の快感を導きます。また、8曲目の『ノーペイン ノーゲイン』では英語の**「No Pain No gain」**と日本語の**「当然 挑戦」**で韻が踏まれています。日本語の単語と英語の単語がラップの韻という技術を介して結びつけられているわけです。これも日常的に言語を使っている場面では起こりえないことだと言えるでしょう。**この単語の運命的な出会いによる快感があるからこそ、聞き手はより歌詞の世界に没入していくし、歌詞に込められたメッセージが心に響いていく。**文学の考え方の一つに、「日常の生活の中で惰性化したものを破壊していくのが文学の役割である」というものがありますが、ラップにもこの考えが当てはまると思います。日常の会話では決して結びつかない単語を組み合わせることで、日常の惰性を打ち破り、新しい視線をもたらす芸術性を日本語ラップは持っているのです。

もう一つ、ヒップホップが持つストレートなメッセージ性とテーマの多様性も見逃せません。ＰＯＰソングは歌い手自身ではない第三者を主役に歌うことが多いのですが、ヒップホップでは歌い手自身の実生活や、リアルな人間関係が歌詞になることも少なくありません。自分への賛美、仲間に対するリスペクト、家族愛、「メイクマネー」という概念に代表される成り上がり願望など、自分の考えや野望をはっきりと口に出す。自分の息子へのメッセージ、自分の奥さんへの感謝という、ともすれば口に出すのが恥ずかしくなるような極めて個人的なことを歌うことも厭わない。１００万人に向けて書かれたものとは違うリアル感があるからこそ、感情移入もしやすい。人間はそもそも多面的な存在で、リアルな自分を歌っていれば、テーマは自然と幅広くなります。本書に参加しているＹｏｕｎｇ Ｈａｓｔｌｅさんのように∨ネックＴシャツについて歌ってもいいし、下ネタでも反戦でもテーマに制約はないわけです。そして、前に述べたようなライミングという緻密な技術が土台になっているからこそ、どんなテーマを乗せても浮ついたものにならない。

言語芸術の一種と言ってもいい意外性が聞き手の感性を研ぎ澄まし、実生活に基づいたリアルなテーマ性を意外な単語の組み合わせで語り上げていくラップが、リスナーの感受性に訴えかける。その相乗効果は計り知れません。こうして改めて分析してみると、**ラップは前向きなメッセージを受け取るのに最適な音楽であると言えると思います。**

川原繁人（かわはら・しげと）
1980年、東京生まれ。2002年国際基督教大学学士（教養）、07年マサチューセッツ大学博士（言語学）。ジョージア大学言語学プログラム助教授、ラドガーズ大学言語学科・認知科学センター助教授を経て現職。専門は音声学・音韻論・一般言語学。

第8章

前略未来　お前がいるから楽ができない

希望を失ったとき、人は潰れる

つらく苛酷な状況が人を潰す訳じゃない。**「自分の力ではどうしようもない」と希望が持てず、無力感を持ったときに人は潰れる。**だからこそ「運命は己の手で切り開く」という気概を持ち、日々努力し、「明日は今日よりも良くなる」という楽観的な思考で生きる事が大切だ。大丈夫だ。きっと好転する。気楽にいこう。

全てのことはなんとかなる

「もうダメ限界…」ってなってるそこの君！大丈夫だから安心しろ。きっとなんとかなる。ってかなんとかならなくてもそれはそれで大丈夫だ。**そういうの全部ひっくるめてなんとかなるから安心しろ。**いつか笑い話にできる日が必ず来る。そう思い詰めるな。あまり頑張り過ぎるな。肩の力抜け。君は大丈夫。

失敗を誇るべき理由

失敗して落ち込んでるそこの君！　やるじゃねえか。**挑戦しなかったら失敗すらできない**んだ。挑戦した君は立派だよ。失敗できた自分を誇りに思いな。挑戦する勇気が備わっている君はこの先何があっても大丈夫だ。必ず乗り越えていける。落ち込んでないで前向きな。失敗なんて勲章ぐらいに思っときゃいい。

ダメな奴なんて存在しない

ダメな奴なんて存在しねえ。自分はダメだと思い込んでる奴が存在するだけだ。厄介な事に思考は現実となる。ダメだと思い込んでると本当にダメになっちまう。自分はダメな人間だなんて絶対に思うんじゃねえ。世間が君をダメ人間と定義しようと絶対に認めんじゃねえ。**君が輝ける場所は必ずある。**信じろ。

大丈夫

昔　ひ弱で貧相でおまけに貧乏で
鏡に映った自分　自信もねえ
悔しいよね　見た目で判断って全然あんじゃん
俺は元々イジメられっ子
母子家庭　学童　ソコは戦場
3年かけられて　された服従
その後ひと月でしたよ　復讐
母ちゃんその頃スゲー厳しくて
全てが嫌になった小学4年
目の前あった　彫刻刀で
自分の左手　目がけ　ひと突き
人生の前半の辛え記憶に
たまに塩を塗る　俺はひと口
理由？　甘えるな　自分　初心を忘れるな
優しさについてオレは20年
強さについても多分20年
弱さについては分かんねえ位
考えてる気がするよ　ずっとね
羨むような目で周りを見てた
俺には無理だ　何となく逃げた
人生においての価値観なんて
あるわけねえ　何も始まんないぜ

周りが何かを見つけてる時
オレは何も見えなかったんだ
もし　太陽が才能を焼き尽くすなら
努力と言う靴を履き潰したらぁ
オレをバカにした奴を見返す
人生を新しい服に着替える
それが似合うように心鍛える
そうすりゃ過去の自分を嫌える

イヤ　何か分かった
それがあったから　ココに立った
生まれちまった　後は死ぬだけ
単純なこと　実は気づかねえ
両親居たって　片親だって
金持ちだって　貧乏だって
友達だって　恋人だって
未来の狭間「孤独」が待ってる

※
なぁ　だから大丈夫だって
心配すんなよ　オレらは1人
勝ちとか負けとか　そんなドラマ
まみれる前に　見ろ　空は広い
誰にも言ってねえ計画があんだ
孤独はMY MEN　明確なアンサー
気付いてた？　次はお前の番だ
人生ってトラック駆け抜けてくランナー
ゴールは予想以上すげぇ遠い

ライバルは時に心強い
大丈夫だって　みんな１人
やれない事ないストーリー
もうダメだって思うよ
じゃあの場所で会おうよ
一遍座って　大の字になって
空に向かって　大丈夫だって

前略　とりあえず　未来
お前がいるから楽ができない
じゃあ　今　背負ってるモン全部ブン投げて
生きてるフリをして死ねばイイ
アイツはクスリでまたパクられた
アイツの子供を慰めた
たまに狂いそうになる　確かめた
諦めることを　俺　諦めた
現実に潰されそう　張り裂けた
ここは掃き溜めだ　でも泣いちゃダメだ
光に憧れても所詮は影だ
たとえ黒くても進む　前だ
前略　未来　お前が嫌い
これは泥仕合　または殺し合い
最後は気持ち　あるのは命
燃え尽きるまで走るこの時代
俺の背中に羽根などない
背負ったモンは現実　笑ったまま演じる
強さって何だろう？　歩いた　２駅分
分かった　迷いって奴は　砕け散る

とっくに死んじまった親父の声聞く
記憶の片隅　心の中にいる
街の中にいる　人ゴミと自分
オレは今いる仲間達と行く
アプリで加工なんてできやしねえな
ぶっちゃけ自分しか敵はいねえしな
勝ち上がる　そのイメージだ
途中で投げ出しゃイメージダウン
こんだけやった自分を褒めよう
その後　声を　超えろ　燃えろ
いつか死ぬ　そう　いつか死ぬ
人生って炎の中　手ェ伸ばして知る
一瞬の熱さ　くだらねぇかもな
弱さとタフさ　二択のチャプター
明日笑えてりゃ　勝ってるはずさ
生きてる実感が欲しいんだ　まずは
前略　未来　会う日は近い
荷物は手に持つ「希望」しかない
優しい風が吹く　何も言わない
空も　星も　そして明日が来る

※

トークセッション⑧ Testosterone×般若

人生の手荷物は「希望」だけでいい

——最後の曲は、ヒップホップでは異例とも言える6分近い大作になっています。これまでの曲とは雰囲気が変わって、聞き手の弱さや不安に寄り添い、勇気付けるような曲ですね。

人生は戦いの連続。不安になっている人に安心できるような言葉をかけることって、もしかしたら気休めに過ぎないのかもしれないけど、**「大丈夫だよ」って言葉はやっぱり誰かが言い続けないといけない**と思うんです。僕自身も誰かの「大丈夫だよ」に救われてここまで来ていますし。

自信を失ってしまったとき。人生が絶不調なとき。何の根拠もないのはわかってるんで

すけど、**誰かから言われる「大丈夫だよ」ほど、愛情を感じられて、自分を支えてくれる言葉はない**ですよね。僕もその言葉に何度も救われています。そんなの無責任な慰めに過ぎないだろって意見もあると思うんですけど、それでいいと思うんですよ。人生なんて、結局最後は一人でなんとかしなくちゃいけないわけですから。実際、倒れてしまいそうなその瞬間だけ「大丈夫だよ」と背中をスッと押してもらうだけで、また歩き始められる人だってたくさんいる。自転車だって止まったら倒れちゃうけど、ほんの少しプッシュがあるだけで、倒れずに先に進んで行けますよね。「大丈夫だよ」は誰かのそういう〝プッシュ〟になれる可能性のある素晴らしい言葉なので、積極的に言っていきたいと思います。実際、前を向いて進み続ければなんとかなりますし、大丈夫ですから。大丈夫ですよ。

このアルバム自体、『黙ってやれ』とか、『オレの前に来て言え』とか、結構強い言葉で叱咤激励するような曲が多い。確かにトレーニングやる前とかやっている最中はそういう戦闘モードに入ってるんだけど、**強さと弱さが両方あるのが人間じゃないですか**。トレーニングが終わったあと、一人になったとき、例えば寝る前とかまでそんなに強気なわけじゃない。俺はすごい体してんだぞ、強いんだぞっていう人ほど、裏では不安を抱

えていたりしますし。

――不安や弱さということで言えば、「自分の左手めがけ、彫刻刀で一突き」という衝撃的なリリックもあります。

僕は一人っ子で母子家庭だったんですが、幼少期はいじめられっ子だったんですね。さらに母親がかなり厳しい時期があって、逃げ場がなくなってしまった。で、一度学校で爆発して自傷行為みたいなことをしてしまったんです。指に彫刻刀を突き立てて、今でも傷跡が残っているんですけど。学校でも大問題になっちゃったんですが、ああいう苦しい時期があったから今があるんだって思えます。誰もが人生の中でつらい経験があって、それを糧に踏ん張って生きていかなきゃいけない。つらいことがあったら、自分が一番つらかったときのことを思い出す。そんときに比べれば楽だし、大丈夫だと思う。つまり**自分の中の弱さを認めることで、前に進めるんじゃないかなっ**ていうのがあるんですよ。

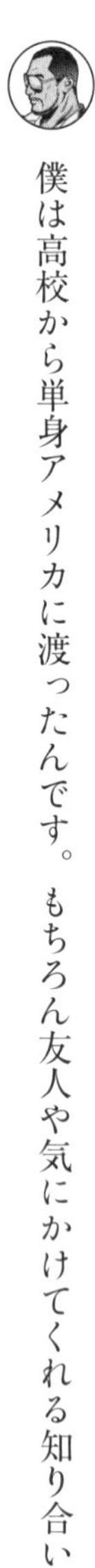

僕は高校から単身アメリカに渡ったんです。もちろん友人や気にかけてくれる知り合い

はいたんですけど、究極的に言うと、困ったときに頼れるのは己のみという意識がとても強いんですね。最後は全て自己責任でなんとかしなくちゃいけないっていう。なので、人一倍自分の弱い部分と向き合ってきたと思いますし、それを自分の力で乗り越えてきました。なので、「大丈夫だよ」ってセリフ、僕は基本的に自分で自分に言うんですよ（笑）。般若さんのおっしゃるように**「大丈夫だよ」と言ってくれるのはつらいことを乗り越えた過去の自分**なんです。お前はあれを乗り越えたんだから、今回だって大丈夫だよ。楽勝だよ。自信持てよ未来の自分、って過去の自分が励ましてくれるんです。読者のみなさんも過去につらい経験を何度も乗り越えてきてると思うんです。なんでね、大丈夫ですよ。楽勝ですよ。自分を信じてあげてください。あなたならなんとかします。乗り越えられます。

――誰かを励ますときや慰めるとき、普通はみんながいるから大丈夫だよ、というニュアンスのことを言うことが多いと思いますが、この曲ではみんな一人だから大丈夫、という逆のアプローチになっています。

そこはきっちり線引きしているんです。寂しさを人生最大の敵と認識してしまう人が多いんですが、**一人っていうのは当たり前のこと**なんです。生まれちまって、あとは死んじゃう。いくら友達がいたって、死ぬときは最後一人なんです。**だからこそ、死ぬまで希望を持って全力で生きなきゃいけない**んだよなって思うんですよ。どんなに体を鍛えようと、強くなろうと、しょせんは借りものの体。どこまで行けるか分かんないけど、命という炎が消えるその瞬間まで生きようよって思うんですよね。映画やドラマやマンガみたいに、人ってそんなに熱くなれたりするもんじゃない。だからいつか死ぬことを認識した上で、**自分の中でどっか一つでも、数時間でも何分間でも、嘘偽りなくマジになれた瞬間があったら、それはすごく素晴らしいこと**だよなって思うんです。

「孤独はMY MEN」（親友、仲間、ファミリーなどの意味）というリリックが最高ですよね。日本では小学校に入学した瞬間に「友達100人できるかな♪」とか歌わされて、友達がいない奴は負け組っていう固定観念を植え付けられてしまいます。友達はもちろん素晴らしいですし、持つべきですけど、一方で人間なんて孤独が基本だろって思うんですよね。孤独は基本であるべきなのに、孤独は寂しいみたいな空気になってるじゃないですか？　**いや、一人で楽しめない奴の方がよっぽど寂しいよっていう。**友達と

つるむことでしか自分のアイデンティティを見出せないなら、それは依存ですから。人間は簡単に心変わりしますし、依存先としては最悪ですよ。僕はご存じの通り、人間よりもダンベルに依存しているんですけど、ダンベルはいいですよ。絶対に裏切らないですから。**「ダンベル100kg持てるかな♪」**に歌詞を変えたらいいんですよ。

「ダンベル100kg持てるかな♪」って良いっすね（笑）。まあ、思い詰めてしまっている人がいたらね、人はいつか死にますし。最後はみんな一人ですし。どんな状況であれ、そう難しく考える必要はないですよ、と言いたい。思い詰めないで。気楽に希望持っていきましょう。

――人は皆一人だから、孤独と付き合いながら生きていく、という一方で、「前略未来、お前がいるから楽ができない」というフレーズは前向きに生きることを促されているようでグッときました。

ハードなトレーニングをしているときに、お前みたいなやつがいるからこっちは楽ができないんだ！　って心の底から思ったんですよね。**未来さえなけりゃあもっとダラダラ**

できるのに！　って（笑）。

未来が嫌いと思えるということは、未来を良くしたいという向上心と、未来はもっと良くなるはずという希望があるからなんですよね。向上心と希望があるからこそ、自分に対して厳しくして、自分自身を高めていかないといけない。ノーペインノーゲインの法則で、自分を高めるにはそれなりの代償が伴う。未来にこうありたいという理想の姿があるから、今苦労して、それを手に入れるために全力で生きようとする。これぞ人生ですよね。「荷物は手に持つ、希望しかない」ってリリックがマジで秀逸で、人間はみんな死ぬし、最後は一人だけど、**素晴らしい未来に向かって生きる人生の手荷物には希望しかない**んですよ。だから、人生は楽しい。

――孤独も、いつか死ぬこともネガティブにとらえる必要はないんですよね。この曲はジムワーク終了後に聞くことが多いと思います。お二人はトレーニングを終えた後はどんなことを考えていることが多いのですか？

トレーニングを終えた後はすべての雑念がクリアになっていて、そのときに思ったことは100%ピュアなものなんですよ。ベンチプレスだ、スクワットだ、チンニングだってキツい思いをしたときに浮かんできた言葉を曲にすることも多いですね。今回のアルバムは、筋トレして雑念がクリアになり、頭が空っぽになった状態で聞いてくれると思うので、リリックがメチャクチャ響くのではないかという仮説が僕の中にある。とても楽しみです。

僕は基本早朝4時とか5時に起きて仕事の前にトレーニングをするのですが、自分をしっかり追い込んで良いトレーニングができると**今日という日の9割はもう終わったな**って思ってますね。仕事が朝のトレーニング以上にきついことなんてありえないってぐらい追い込んでいるので、仕事は楽勝ですし、**まあ何があっても筋肉は成長するし、**どう転ぼうとおれの1日は悪くなりえないなと。なので、**良いトレーニングができた日は毎日が素晴らしい日です。**トレーニングは天気と違って己の心持ちでコントロールできるので、僕は己の手で毎日ハッピーを選択しているわけです。運任せではなく、選択です。ここ、重要です。

僕も午前中に全てが終わります。夜は人からの誘いが入りやすいので、朝やるのがベス

トという結論に至りました。午前中に良いトレーニングができるだけで、今日という日は生産的な日だったと思えるんですよね。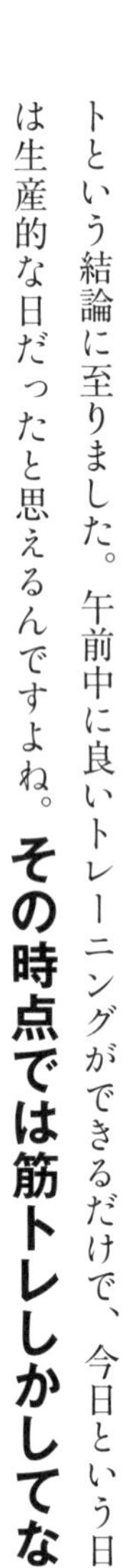**その時点では筋トレしかしてない**んですけど（笑）。

「コイツらどんだけ筋トレ好きなんだよ…」と思ってると思うんですけど、是非そんな皆さんにこそ、このアルバムを聞いて悟りを開いてほしいですね。

ヒップホップにしろ、筋トレにしろ、合わない人っていうのはいると思うんですよね。それは仕方のないことだと思うし、強要する気もありません。でも、僕はヒップホップカルチャー、筋トレカルチャーを愛しているし、必ずその人の人生を豊かにすると確信しています。なので、**ぜひ一度は試してみてほしいんです。**食わず嫌いはもったいないと思うんです。今回の作品は、ヒップホップ好き、筋トレ好きの人が楽しめるのはもちろん、ヒップホップを知らない人、筋トレが楽しめない人に「ヒップホップって良いんだぜ」「筋トレってこんなに楽しいんだぜ」ということを伝えられる作品になったと思っています。

俺たちと一緒に合法的にハイになろう。

難しいことは言わない。聴いて、筋トレして、感じてくれ。

［協力］

昭和レコード
FLYING B ENTERTAINMENT
BodyPlus International／HALEO

IRON SPIRIT 収録曲一覧

1	黙ってやれ	Track by SPACE DUST CLUB
2	覚悟	Track by RYUUKI BEATZ
3	人間をきわめろ	Track by Mine-Chang
4	オレの前に来て言えfeat. AK-69	Track by TRAMPBEATS
5	ワンモアレップ feat. SHINGO★西成／ Young Hastle & DJ FILLMORE	Track by Lil'Yukichi
6	SKIT	
7	Workout Remix feat. 般若 & SHINGO★西成／ Young Hastle	Track by DJ ATSUSHI
8	ノーペイン ノーゲイン	Track by RYUUKI BEATZ
9	SKIT	
10	OSHIRI	Track by CHIVA from BUZZER BEATS
11	裏切り	Track by dubby bunny
12	Hate me now	Track by TRAMPBEATS
13	大丈夫	Track by GROUND-LINE

AK-69 by the courtesy of Virgin Music, A Universal Music Company
M3 Special thanks to Reebok
M7 Licensed by STEAL THE CASH RECORDS

All tracks produced by Testosterone & 般若

All vocals recorded by Takafumi Nakano at yoyogi4studio,
except M4 by RIMAZI at Flying B Studio(for AK-69),
M5 by DJ FUKU(for SHINGO★西成), M7 by ALG at yoyogi4studio,
M11 by S-kit from GROUND-LINE at GROUND-LINE Studio
All tracks mixed by Sylo from GROUND-LINE, except M3 by OHLD,
M7 by JIGG, M6 & M9 by Takafumi Nakano
Mastered by Youichi Aikawa for BLUE MASTERING

あとがき

正直に告白しよう。この企画は俺の「筋トレをするときに聞くヒップホップアルバムが欲しい！」という超個人的な欲求から始まった。俺の知る限り、フィットネス大国のアメリカですら、ここまで筋トレに特化したヒップホップアルバムは存在しない。筋トレ好きの、筋トレ好きによる、筋トレ好きのためのコンセプトアルバム、一口に言って最高だ。そんな俺にとっての、いや、筋トレオタクにとっての永遠の夢とも言える作品を、想像をはるかに超えるクオリティで作り上げてくれた般若さんには感謝とリスペクトしかない。また、般若さんに引き合わせてくれた良き友人であるＤａｖｉｄ氏にも、この場を借りて深くお礼を言いたい。Ｄａｖｉｄ氏はサプリメントブランド「ＨＡＬＥＯ」や「ＢＵＬＫ ＳＰＯＲＴＳ」のオーナー兼ＣＥＯを務める傍ら、Ｂ．Ｌｅａｇｕｅの仙台８９ＥＲＳの球団代表も務めるハードワーカーであり、ＩＲＯＮ ＳＰＩＲＩＴを体現したような熱い男である。Ｄａｖｉｄさん、本当にありがとう。

さて、話をアルバムに戻そう。

1曲目の『黙ってやれ』から最後の『大丈夫』まで通して聴くと、まるで短編映画を見ているかのようだ。サボりたがる自分に鞭を入れ、昨日の自分を超えていく覚悟を決める。成長には痛みが伴うことを理解し、日々限界を突破していく。他人の言葉や行動に左右されない強い心を持ち、時にはハメを外して毎日を楽しく過ごしつつも、最後は自分の心と向き合って希望と共に生きていく。全ての曲が筋トレをテーマにしているにもかかわらず、人生の応援歌と言ってもいい内容に仕上がっている。やはり、筋トレは人生と完全にリンクしているようだ。筋トレライフを充実させることは、人生を輝かせることと限りなくイコールなのだ。本書を手に取ってくれた皆さんも、この最高のアルバムを聴きながら筋トレに打ち込み、素晴らしい人生を送ってほしいと思うし、筋トレ×HIPHOPの魔力によってそうなることは不可避なので、俺は何も心配していない。

もう一つ、この作品を作っていて、再認識したことがある。

本作では、勝者のメンタリティーを学ぶために格闘技、ラグビー、音楽など各ジャンルのトップランナーたちの肉声を集めた。それぞれの世界で頂点を極める男たちの言葉だ。彼らの思考やマインドセットは我々も大いに参考にすべきだろう。全てのインタビューを載せられるわけではないので本書では確認できないのだが、彼らの主張は驚くほど似通っていた。

ジャパニーズヒップホップシーンのトップを走り続けるＡＫ－69さんは「何かに向かって頑張っている人は絶対にトレーニングをした方がいい。筋トレは肉体だけでなく魂も鍛える」と語った。異論はない。日本格闘技界のエース堀口恭司さんは「気が進まないときは機械になったつもりで、無になって練習場に向かう。練習しないと負けるので」という。既に圧倒的強さを誇っている男がそう言うのだから、油断も隙もない。脱帽である。ラグビー日本代表の大黒柱リーチ・マイケルさんは「フィジカルを鍛えることは自信につながる」と話しているし、日本人ＭＭＡファイターのパイオニアである小見川さんは「弱い自分を叩き潰して自信をつけるには練習しかない」と断言した。日本人離れしたパフォーマンスとパンチ力で我が道を行く木村ミノル君は「どんなつらいことも成長するために神様が与えてくれた試練だ」と語る。

皆一様にしてポジティブであり、自分に厳しく、鍛錬により得られた自信に満ちあふれており、その自信に裏打ちされた実力がある。ジャンルも、生きてきた道のりもまるで違う人たちが、トレーニングを通して、自身の人生においても通ずるトレーニング哲学を形成し、それらの哲学はどれも似通った結論にたどり着いていたのだ。真理に限りなく近いと思って間違いないだろう。

「トレーニングについても、音楽についても、今までやってきたことは間違いじゃなかったんだなと思えました」

般若さんが最後に俺に言ってくれた言葉だ。対談の中で各業界のトップランナーたちの思考やマインドセットに触れるにつれ、般若さんも俺も「俺のやってきたこと、感じてきたことは間違いじゃなかったんだ」と今までの自分の人生の価値観の答え合わせをしているような感覚に襲われていたのだ。

言わずもがな、それらの思考やマインドセットは全てこのアルバムの中に詰まっている。自分に合っていると思うマインドをどんどん自分のものとして取り込んでくれ。

「私なんて…」とか「あの人は才能があるから…」とか、そういう敗者の思考は今すぐその辺の道端に捨てちまえ。せっかくこの世に生を受けたんだ。行けるとこまで行っとこう。思いっきり楽しもう。人生一度きりだ。モタモタやってる時間はねえ。

このアルバムが、そんなあなたの人生のＢＧＭになってくれたら最高だ。話が長くなっちまったな。これ以上は何も言うまい。

筋トレして、聴いて、読んで、感じてくれ。

おっと、そろそろ筋トレの時間だ。

Ｐｅａｃｅ Ｏｕｔ！

Testosterone

【重要】Testosteroneからのお願い

最後に一つだけお願いというか注意してほしいことがある。ミュージックカードの仕様上、iPhoneを使用している場合はiPhoneに直接曲をダウンロードすることができず、ブラウザ上で1曲ごとのストリーミング再生となってしまう。そして、これを解決するにはパソコンで曲をダウンロードし、iTunesライブラリに取り込んだ上でiPhoneと同期させるというステップが必要になるんだ。手間かけちまってごめんな！　一度ダウンロードしてしまえば楽しみたい放題なので、アルバムを思う存分エンジョイしてくれよな！

※ダウンロード、ストリーミングともに回数制限があるので注意してね！

【音源ダウンロードサイト、ご利用方法はこちらから】

https://ponyca.serials.jp/item/949

【音楽ダウンロードに関するお問い合わせ先】

ラグ・ビー　カスタマーサービス：
https://support.ragbe.com

【ダウンロード有効期限終了後のお問い合わせ先】

info@bunkyosha.com

筋トレ×HIPHOPが最強のソリューションである

強く生きるための筋肉と音楽

2018年12月18日　第1刷発行
2019年 1 月 8 日　第2刷発行

著者　Testosterone
般若

カバーイラスト　師岡とおる
装丁　金井久幸［TwoThree］
DTP　TwoThree
校閲　鴎来堂
編集　臼杵秀之
発行者　山本周嗣
発行所　株式会社文響社
〒105-0001 東京都港区 虎ノ門 2-2-5 共同通信会館 9F
ホームページ　http://bunkyosha.com
お問い合わせ　info@bunkyosha.com

印刷・製本　凸版印刷株式会社

　ISBNコード:978-4-86651-108-5　Printed in Japan
この本に関するご意見・ご感想をお寄せいただく場合は、郵送またはメール（info@bunkyosha.com）にてお送りください。